Luca Durante – Daniele Chibbaro – Fosca Colli
Wanda Montanelli

Antologia della Mediazione Civile

(Volume II)

* * *

La Mediazione Civile nel settore assicurativo

* * *

Il notaio e la Mediazione Civile

* * *

*Liti condominiali,
l'importanza della Mediazione Civile*

* * *

Il successo della mediazione negli Stati Uniti,
Le formule europee e il raffronto con le "resistenze" in Italia

COLLANA GIURIDICA

Edito nel dicembre 2012

Codice ISBN- 13 978-1481215657

e-mail asso.mediatori.civili@virgilio.it – fax 06.233248638

PREFAZIONE

La Mediazione Civile e Commerciale in Italia è stata introdotta, gradualmente, da pochi anni e ancora è un strumento poco conosciuto e pertanto vi sono ancora non pochi aspetti da chiarire e da sviluppare perché possa assolvere pienamente alla sua funzione. Da qui l'iniziativa di pubblicare una vera e propria Antologia della Mediazione Civile dove Mediatori Professionisti trattano i diversi aspetti non limitandosi ad una asettica e sterile panoramica bensì approfondendo ed analizzando le varie tematiche.

In questo volume, cui ne seguiranno altri, sono tre i capitoli: La Mediazione Civile nel settore assicurativo (di Luca Durante); Il notaio e la Mediazione Civile (di Daniele Chibbaro); Liti condominiali, l'importanza della Mediazione Civile (di Fosca Colli); Il successo della Mediazione negli Stati Uniti, le formule europee e il raffronto con le "resistenze" in Italia (Wanda Montanelli).

INDICE SINTETICO

(l'analitico è a pag. 193)

Luca Durante

Mediatore Civile Professionista
Avvocato (*)

La Mediazione Civile nel settore assicurativo

Premessa

Con il D.Lgs. 4 marzo 2010, n. 28 è stata per la prima volta disciplinata in maniera organica, con una normativa di carattere generale, la materia della risoluzione alternativa delle controversie o, come si suole dire con acronimo derivato dall'espressione inglese, A.D.R. – *alternative dispute resolution*, noto come mediazione o conciliazione.

Il legislatore italiano ha in realtà inteso distinguere i due termini – cosa che la prassi internazionale non fa – assegnando ad ognuno di questi un significato peculiare: mediazione è l'attività, comunque denominata, svolta da un terzo imparziale e finalizzata ad assistere due o più soggetti sia nella ricerca di un accordo amichevole per la composizione di una controversia, sia nella formulazione di una proposta per la risoluzione della stessa; la conciliazione è il risultato sperato della mediazione: la composizione di una controversia a seguito dello svolgimento della mediazione stessa. Viene definita, pertanto, come *mediazione* la fase procedimentale e come *conciliazione* l'auspicato esito positivo della stessa.

Il decreto legislativo prevede due possibili forme di mediazione: quella facoltativa, menzionata all'art. 2 del decreto, e quella obbligatoria, per tutta una serie di materie indicate all'art. 5, tra cui rientrano, per quanto qui più direttamente di nostro interesse, le controversie relative ai contratti assicurativi, al risarcimento per i danni causati dalla circolazione di veicoli e da responsabilità medica, cosiddetta *medical malpractice*.

La materia assicurativa ricopre una buona fetta del contenzioso presente in Italia, come emerge chiaramente dalle prime stime fatte dal Ministero della Giustizia in quanto a mediazioni svolte e risultati ottenuti. Notevole importanza riveste la materia assicurativa per lo Stato in quanto redimere controversie in tale campo, evitando di giungere al primo grado di giudizio, permette di raggiungere quel fine ultimo che è insito nella mediazione ossia l'abbassamento del numero di cause pendenti ed invertire la tendenza al continuo aumento delle cause nuove. Tutto ciò considerando, peraltro, che le principali dispute in materia assicurativa cadono sotto la responsabilità civile per la circolazione dei veicoli e la responsabilità medica, nei cui due ambiti è molto diffusa la tendenza di chiedere un risarcimento per via giudiziale per ogni inezia.

* * *

Mediazione civile
nel settore assicurativo

Nuove opportunità

Il decreto c.d. Milleproroghe 2011, convertito in legge, ha stabilito come condizione di procedibilità in materia di contratti assicurativi il preventivo esperimento della mediazione civile. La *ratio legis*, come più volte affermato dalla giurisprudenza maggioritaria, non è quella di offrire al cittadino due diversi tipi di procedimento: questo infatti è e rimane unico. Quella che viene introdotta, per le materie soggette a mediazione obbligatoria, è una condizione di mera procedibilità per l'azione giudiziaria. Non è cioè possibile iniziare o proseguire l'azione davanti all'autorità giudiziaria ordinaria, ovvero proporre domanda di arbitrato, senza aver prima esperito il tentativo di mediazione previsto dalla normativa.

Essendo la mediazione ormai obbligatoria prima di iniziare qualsiasi controversia in ambito assicurativo, compresa la RCA, le compagnie di assicurazione prevedono un numero significativo di procedimenti di mediazione. Sono stati circa 400.000 nel 2011 e più del doppio nel 2012, cioè da quando sono state interessate dalla mediazione civile anche le controversie relative alla circolazione stradale. Questa circostanza, secondo molti addetti ai lavori, può costituire un'opportunità per le compagnie per due ordini di ragioni. Grazie agli incentivi fiscali il costo, in caso di successo della conciliazione, per le compagnie è sostanzialmente azzerato. Le percentuali di successo, stando alle statistiche dei Paesi in cui tale prassi è da anni consolidata, sono molto elevate, tra il 60 e l'80%: ciò offre la possibilità di ridurre in misura corrispondente il costo del contenzioso. Naturalmente questa opportunità deve ora essere colta dal mondo assicurativo che in passato, per diverse ragioni ha, ad esempio, ignorato l'invito che veniva rivolto dalla Swiss Reinsurance Company Ltd, la seconda più grande compagnia di riassicurazione del mondo, con sede a Zurigo e generalmente conosciuta come Swiss Re, affinché nel settore auto venisse adottato il sistema *Audatex*, per dotare tutta la rete dei liquidatori dei dati sui costi e i tempi delle riparazioni forniti da tutte le case automobilistiche, che avrebbero consentito probabilmente una riduzione di alcune componenti di costo nelle liquidazioni auto.

Le norme che regolano la materia della mediazione civile suscitano notevole interesse da parte di tutti gli operatori coinvolti nell'enorme numero di controversie riguardanti le coperture assicurative. Ad esempio presso i tribunali più grandi, che contano un gran numero di posizioni aperte, hanno rilevato come la nuova normativa stia contribuendo a ridurre il numero di queste controversie, perché risolte in modo certamente più celere e con maggiore soddisfazione delle parti nella fase obbligatoria della mediazione, ancor prima della - e soprattutto in via alternativa alla - azione davanti all'autorità giudiziaria.

L'Italia, all'atto di introdurre tale istituto nell'ordinamento, ha potuto avvalersi dell'esperienza maturata ormai da molti anni in altri Paesi. Nello Stato di New York, ad esempio, l'esperienza della mediazione e della conciliazione ha ormai compiuto trent'anni. La sua nascita risale al 1981 con la creazione del Community *Dispute Resolution Centers Program* (CDRCs). E' interessante rilevare che dal 1° aprile 2004 al 31 marzo 2005 il CDRCs ha esaminato 40.576 casi che coinvolgevano 100.620 individui. Di queste controversie ben 23.635 sono state discusse in mediazioni, conciliazioni ed arbitrati che per il 79% si sono risolti con accordi volontari. Negli USA la Conciliazione è definita come ASSISTENZA ALLE PARTI NELLA NEGOZIAZIONE DI UN ACCORDO DISEGNATO. Negli USA non vi è uniformità di normativa tra i vari Stati Americani, ma si può affermare che la tendenza generale, particolarmente delle Corti, è di favorire la conciliazione. Inoltre l'ufficio creato a tal fine, chiamato OFFICE OF ALTERNATIVE DISPUTE RESOLUTION, ha ritenuto necessario che i conciliatori, ammessi nelle liste depositate presso l'ufficio stesso, frequentino esercitazioni pratiche sulla conciliazione per un numero minimo di ore, stabilendo, tra le altre cose, che i conciliatori debbano partecipare a seminari di aggiornamento periodici. Per essere inclusi nelle liste il conciliatore deve avere almeno uno dei seguenti requisiti: essere un avvocato con almeno sette anni di esperienza in diritto commerciale, essere un ACCOUNTANT, vale a dire un ragioniere, oppure aver avuto una simile esperienza negli affari ad alto livello per almeno sette anni. Tutte queste persone debbono dimostrare di aver seguite le indicazioni ricevute dall'ufficio sopraindicato.

Le compagnie di assicurazione...

Il verbale dell'accordo, che le parti eventualmente sottoscrivono al termine della mediazione, può essere omologato con decreto del Presidente del Tribunale nel cui circondario ha sede l'organismo di mediazione, come previsto all'art.12 del Decreto 28, e *COSTITUISCE TITOLO ESECUTIVO PER L'ESPROPRIAZIONE FORZATA, PER L'ESECUZIONE IN FORMA SPECIFICA E PER L'ISCRIZIONE DI IPOTECA GIUDIZIALE.* L'art. 10 del decreto stabilisce, peraltro, che le informazioni acquisite nel corso del procedimento non possono essere utilizzate nel giudizio che abbia il medesimo oggetto della mediazione; vige, dunque, il dovere di riservatezza, l'inutilizzabilità delle informazioni e il segreto professionale.

Da anni si assiste, nel settore assicurativo, ad un dibattito sui media nazionali in merito alla gestione tecnica, da parte delle compagnie di assicurazione, soprattutto delle assicurazioni auto. Gli aumenti delle tariffe per l'assicurazione RCA vengono giustificati con l'aumento nel numero dei sinistri, dei costi di riparazione delle auto oppure con il progressivo incremento delle valutazioni da parte dei giudici in materia, ad esempio, dei danni alla persona. Su questo tema è intervenuto più volte il Dott. Giancarlo Giannini, Presidente dell'ISVAP, il quale sostiene la necessità che le compagnie diventino più efficienti per ridurre le loro tariffe nel settore auto. Il Presidente dell'Isvap, da un confronto tra i premi medi italiani e quelli stranieri, 400 in Italia, 172 in Francia, 222 in Germania, 229 in Spagna, pur considerando la diversità di rischio e le condizioni contrattuali non del tutto omogenee, trae la conclusione che questi dati evidenzierebbero l'esistenza di un problema. Giannini rileva inoltre come, a fronte di un calo nel 2011 nella raccolta dei premi per circa il 5%, si assiste ad un aumento della frequenza dei sinistri dal 2008, dall'8,74% al 9%, e del costo medio degli stessi che è cresciuto dello 0,60%. Questi dati ineluttabilmente producono un aumento delle tariffe auto.

Cerchiamo, dunque, di approfondire le iniziative che le compagnie dovrebbero o potrebbero utilizzare per migliorare il proprio servizio, dopo aver identificate le cause del peggioramento tecnico. Le aziende assicuratrici hanno tutta una serie di rilevazioni per seguire costantemente i comportamenti degli ispettori liquidatori nei rapporti con i carrozzieri e con i periti, nella valutazione dei danni e nello sviluppo delle riserve che in mancanza della liquidazione debbono essere accantonate ed aggiornate al verificarsi di eventuali nuove evidenze e, comunque, periodicamente. Tutte le componenti vengono quindi sistematicamente tenute sotto controllo. Di grande rilevanza è certamente il tema delle frodi assicurative che comportano l'aumento del numero dei sinistri, della loro frequenza, degli importi liquidati e, conseguentemente, l'aumento delle tariffe. Di qui la necessità di migliorare i controlli interni per contenere i costi dei sinistri. Anche i costi relativi al contenzioso rappresentano una componente che potrebbe essere migliorata con una gestione più puntuale. Si tratta, peraltro, di un costo difficile da determinare esattamente: probabilmente molte compagnie non hanno effettuato precise stime al riguardo. Tali costi rappresentano, comunque, una voce rilevante, che include tanto costi diretti quanto costi indiretti. Tra i primi si possono annoverare gli esborsi per i legali esterni propri e – se la causa è persa con condanna alle spese – anche di controparte, per i periti e tutti gli altri consulenti tecnici di parte e d'ufficio.

difficili da quantificare, ma sempre costi diretti, sono quelli legati al tempo impiegato dal personale dipendente, principalmente liquidatori e legali interni. Ancora più difficili da determinare, ma di non minore impatto, sono i costi indiretti, tanto di carattere finanziario che di immagine. I primi includono il costo finanziario delle riserve, difficile da stimare esattamente. I secondi incidono sulla *PRODOTTO* più prezioso venduto dall'assicuratore:

la fiducia. La compagnia di assicurazione vende, infatti, un servizio che viene eseguito, in maniera particolare, al momento del verificarsi del sinistro. È proprio in tale momento che il cliente valuta il proprio fornitore, cosicché si può affermare che un corretto ed efficiente processo di liquidazione costituisce per l'assicurazione anche uno strumento di marketing. Un contenzioso col proprio cliente è sicuramente da evitare, e può avere gravi conseguenze sul rapporto fiduciario. È per questo che fornire uno strumento efficace per la prevenzione e la composizione delle controversie è qualcosa che probabilmente le compagnie avrebbero dovuto fare prima ed a prescindere dall'intervento del legislatore. Questo costituisce, tuttavia, un'ottima occasione per ripensare alla qualità del servizio di liquidazione nel suo complesso ed alla fase che precede il contenzioso più in particolare.

Da tutto quanto sopra emerge che la nuova normativa offre interessanti opportunità in tema di risparmi, in quanto eliminare una rilevante percentuale di contenziosi, con le relative spese, comporta una riduzione sensibile di costi diretti ed indiretti, oltre che un possibile miglioramento del servizio, il che può costituire addirittura un vantaggio competitivo. Orbene, le opportunità di rendere un buon servizio ad assicurati e danneggiati utilizzando la mediazione corrono a questo punto un grande rischio qualora il conciliatore di cui si possono avvalere le parti non sia preparato adeguatamente. Il rischio di indirizzare le parti su soluzioni non praticabili è un rischio che le compagnie pagherebbero molto caro, poiché in questi casi le conciliazioni non avrebbero successo, rappresenterebbero un costo aggiuntivo per spese legali rispetto ai costi attuali, nonché un allungamento dei tempi per la soluzione della controversia. Le compagnie cosa possono fare per risolvere questa problematica? Innanzitutto dare un segnale alla propria rete di collaboratori per prepararli adeguatamente alla nuova prassi: la strada per raggiungere l'efficienza in questo ambito è ancora da approfondire e merita una particolare attenzione. Per informare correttamente i propri assicurati molte società di assicurazione stanno cambiando le clausole contrattuali, la modulistica in caso di denuncia del danno con annessi i moduli informativi sul sinistro da mettere a disposizione dei mediatori civili. Possiamo però immaginare innumerevoli altri comparti assicurativi che potrebbero approfittare di questa nuova prassi per risolvere sinistri di altra natura, come i trasporti, i *contractors all risks*, responsabilità per MEDICAL MALPRACTICE, la cui materia risulta doppiamente riservata alla mediazione civile: sia sotto il profilo della responsabilità del medico e della struttura sanitaria che sotto quello delle relative coperture assicurative. Senza contare che quando avrà preso piede anche da noi la CLASS ACTION la stessa potrebbe insinuarsi anche in dispute davanti al mediatore civile. In sintesi, sarà assai importante vedere nella prassi se l'assicuratore riterrà che la normativa sulla mediazione civile sia da affrontare molto seriamente, in quanto rappresenta non solo una strada per lo sfoltimento delle controversie portate in tribunale, ma anche un'opportunità per mettere ordine in un settore, quello dei sinistri, dove esistono normative poco chiare e talvolta in contraddizione tra loro. D'altro canto, se l'approccio alla problematica non fosse di natura positiva, rischierebbe di trasformarsi in un boomerang costoso e negativo. Se, al contrario, la materia venisse trattata con la serietà auspicata e la prassi correttamente interpretata essa diverrà parte del servizio assicurativo e, come tale, apprezzata da tutte le parti interessate.

...e gli altri soggetti interessati

In caso di controversie, l'adozione della mediazione e la ricerca di una conciliazione stanno cambiando molte cose nella quotidiana prassi dei sinistri. Innanzitutto nel rapporto con il danneggiato il legale, al quale è stato conferito l'incarico, deve, a termini dell'art. 4 co. 3, informare l'assistito della possibilità di avvalersi del procedimento di mediazione disciplinato dal D.lgs. 28.

Per quanto riguarda l'assicuratore, questi cambia la precedente prassi della gestione dei sinistri, spesso seguiti dall'agenzia con la quale l'assicurato ha stipulato la polizza, piuttosto che da *call center* o direttamente dall'ufficio sinistri al quale si sia rivolto il danneggiato. Deve fornire le opportune e dettagliate informazioni sulla mediazione, avvisando l'interessato dell'obbligo di accedere alla mediazione ai sensi dell'art. 5 del decreto 28 avvisandolo altresì, *ex* art. 5 co. 5, che se il tentativo non dovesse essere esperito, il giudice o l'arbitro fisserà la successiva udienza dopo la scadenza di cui all'art. 6 e cioè dopo quattro mesi decorrenti dalla presentazione dell'istanza per il procedimento di mediazione.

L'assicuratore informa, altresì, la parte interessata sul fatto che al procedimento di mediazione si applica il regolamento dell'organismo scelto dalle parti.

Se quindi l'organismo verrà indicato in una clausola del contratto, l'assicuratore dovrà essere in grado di spiegare alla parte i contenuti del regolamento, informandola sui passi da compiere per attivare concretamente il procedimento di mediazione. tal fine le compagnie hanno tutto l'interesse ad indirizzare il danneggiato presso un organismo di mediazione che, oltre ai requisiti di autonomia ed indipendenza, abbia una riconosciuta conoscenza del settore, al fine di evitare l'insuccesso della mediazione, favorendo l'evoluzione positiva della trattativa di liquidazione e limitando i tempi per la conclusione della pratica di danno.

La competenza dell'organo di mediazione appare particolarmente importante in tutti i sinistri che abbiano prodotto danni materiali a cose e persone. In quest'ultimo caso si sono avute pronunce giurisprudenziali soprattutto per le cosiddette *"MICRO PERMANENTI"*, che appaiono talvolta esagerate, con conseguenze notevoli sull'andamento del ramo assicurativo e con probabile effetto sull'evoluzione dei premi assicurativi. In modo particolare sarà quindi necessario provvedere a diffondere la conoscenza delle valutazioni correnti in caso di invalidità permanenti esigendo, quindi, che i consulenti tecnici d'ufficio consultati dal Mediatore Civile, piuttosto che dal Giudice di Pace, abbiano la necessaria conoscenza *MEDICO LEGALE* per evitare di giungere a decisioni aberranti con conseguenze negative per tutto il settore assicurativo.

Tra le altre esigenze conseguenti alla nuova normativa le compagnie devono agevolare la conoscenza dei dati necessari al Mediatore Civile per consentirgli di comprendere immediatamente la materia del contendere a lui sottoposta, per consentirgli di inquadrare la controversia nella fattispecie corretta, al fine di poter trasmettere con sicurezza le necessarie informazioni alle parti che consentiranno loro di giungere all'accordo. Quindi, mentre sarà opportuno che i Mediatori Civili continuino ad aggiornarsi sull'evoluzione della giurisprudenza e della prassi, si devono moltiplicare le occasioni di incontro con le parti, dovendo le compagnie individuare al loro interno figure qualificate professionalmente cui delegare la partecipazione alle sedute presso gli organismi di mediazione civile, per poter rispettare i tempi entro i quali le parti è opportuno che giungano ad un accordo. Infatti, l'art. 6 del D. Lgs. stabilisce perentoriamente che la mediazione non abbia una durata superiore ai quattro mesi.

Per quanto riguarda, infine, gli organismi di mediazione, l'art. 16 del D. Lgs. n. 28 stabilisce le condizioni che enti pubblici o privati debbono rispettare per poter essere iscritti nel registro istituito presso il Ministero della

Giustizia. Con il D. M. 180/210 il Ministero della Giustizia, di concerto con il Ministero dello Sviluppo Economico, ha provveduto a regolamentare la materia relativamente alla materia del consumo. Nello sviluppo dell'attività di conciliazione partono in posizione privilegiata i Consigli degli ordini degli Avvocati, vedi l'art.18, che possono istituire organismi presso ciascun tribunale e sono iscritti a semplice domanda al suddetto registro. Anche gli altri Ordini professionali, per le materie riservate alla loro competenza, previa autorizzazione del Ministero della Giustizia, possono costituire organi di conciliazione; lo stesso dicasi per le Camere di Commercio.

* * *

Peculiarità della mediazione nel settore assicurativo

Riassicurazione e Coassicurazione

La riassicurazione, disciplinata dall'art. 1928 c.c., si ritiene in dottrina che sia un contratto rientrante nella categoria delle assicurazioni contro i danni. Attraverso tale istituto l'assicuratore si protegge dal rischio assunto nei confronti del suo assicurato, stipulando a sua volta una copertura assicurativa sul medesimo rischio. Ovviamente, una delle più evidenti differenze tra la riassicurazione e la coassicurazione, altro contratto afferente al grande *genus* dei contratti assicurativi, è che, mentre in quest'ultima si richiede il consenso di tutte le parti, incluso l'assicurato, nella riassicurazione non rileva il consenso dell'assicurato. Pertanto, mentre nella coassicurazione il rischio viene ripartito sullo stesso livello, ovvero orizzontalmente, tra più soggetti coassicuratori vincolati nei confronti del medesimo assicurato, nella riassicurazione il rischio viene ripartito nei confronti di un unico soggetto con una ripartizione verticale tramite un successivo trasferimento del rischio al riassicuratore, ferma restando l'estraneità dell'assicurato in riferimento a tale ultimo rapporto che coinvolge, quindi, solo assicuratore e riassicuratore.

Sotto un profilo per così dire esterno della riassicurazione, potrà rendersi opportuno, alla luce delle clausole contrattuali sul punto, che l'assicuratore cooperi, preventivamente o di volta in volta, con il proprio riassicuratore in merito alle POLICIES di risoluzione non contenziosa da adottare. Inoltre, si potrebbe prospettare l'ipotesi di una controversia intentata in un caso di coassicurazione. In ordine a ciò, è bene premettere che il contratto di coassicurazione genera separati rapporti assicurativi, ciascuno a copertura di una quota del rischio, in relazione ai quali ciascun assicuratore è titolare delle sole posizioni soggettive sostanziali e processuali relative al proprio rapporto (in tal senso, *ex multis*, Cass. sent. 26 gennaio 1988 n. 661 rv. 457110).

In merito alla necessità o meno della presenza dei coassicuratori nell'ambito della mediazione, sembra da preferire la soluzione già adottata dalla giurisprudenza in riferimento al contenzioso ordinario, secondo cui l'assicuratore delegato può essere convenuto in giudizio dall'assicurato anche per il pagamento delle quote di indennità di pertinenza degli altri assicuratori, deleganti, e che, in quanto convenuto, anche in tale veste può resistere alla pretesa in rappresentanza di questi ultimi.

Tuttavia, sarà essenziale che nei confronti del coassicuratore convenuto la domanda sia proposta espressamente, o, comunque, inequivocabilmente richiamando la sua qualità di delegato degli altri coassicuratori in modo che risulti chiaramente che per la parte eccedente la quota del predetto convenuto l'indennizzo gli sia stato richiesto nella qualità di rappresentante degli altri, e non in proprio, e che nella qualità di rappresentante deve essere pronunciata, quindi, la sua eventuale condanna per la parte eccedente la quota di rischio a suo carico (cfr. Cassazione civile , sez. III, sentenza 12.07.2005, n. 14590).

I terzi nel procedimento di mediazione

Con riferimento alla qualità ed all'eventuale coinvolgimento di terze parti, ai fini dell'espletamento della procedura di mediazione, si rende opportuno richiamare IN PRIMIS la questione del risarcimento diretto. Sul punto va osservato che, attualmente, l'interpretazione dell'art. 149 D. Lgs. 209/05 sembra chiarita dal rinvio alla Corte Costituzionale di cui alle ordinanze 205/2008 e 180/2009, che ha segnato una battuta d'arresto del principio di esclusività del risarcimento diretto. Si è, infatti, optato per un'interpretazione costituzionalmente orientata dell'istituto, volta a tutelare il diritto di difesa, la quale, accanto alla nuova azione diretta contro il proprio assicuratore, ammette l'esperibilità dell'azione *ex* art. 2054 c.c. e dell'azione diretta contro l'assicuratore del responsabile civile. Ciò non dovrebbe, tuttavia, impedire all'attore di convenire in giudizio esclusivamente l'impresa che copriva il proprio veicolo per la RCA al momento del sinistro, mentre, al contrario, desterebbe perplessità l'orientamento secondo il quale sussisterebbe litisconsorzio necessario tra assicuratore del danneggiato e responsabile civile, con la conseguenza che l'azione di risarcimento debba essere proposta anche nei confronti di quest'ultimo.

Secondo alcuni, poi, l'art. 149 del citato D. Lgs. trova applicazione limitatamente alle ipotesi indicate ai commi 1 e 2, e si configura pertanto come norma speciale adottata in deroga alla disciplina generale prevista dall'art. 144. Nella fattispecie, il tenore della norma, secondo il criterio letterale, si appalesa chiaro ed univoco, alla luce del combinato disposto dei commi 1, 2 e 6 dell'art. 149 nella parte in cui prevede che il danneggiato possa proporre l'azione diretta di cui all'art. 145 comma 2 nei soli confronti della propria impresa di assicurazione.

Va, dunque, rimarcata, in tale prospettiva, la differenza tra la nuova disciplina e la previgente normativa. Ed infatti, mentre l'art. 23 della legge 990/69 obbligava a convenire in giudizio anche il responsabile del danno, il citato art. 149 lo esclude. Peraltro, anche applicando il criterio teleologico, si giungerebbe alle medesime conclusioni.

L'intenzione del legislatore, quale si evince dai lavori preparatori, è quella di semplificare, mediante il codice delle assicurazioni, il quadro normativo vigente nel settore delle assicurazioni private. L'estensione del risarcimento diretto, in precedenza, già presente nell'ordinamento, ma limitata alla constatazione amichevole di sinistro esclusivamente tra veicoli automobilistici, la cosiddetta procedura CID, perseguiva nelle intenzioni del legislatore, lo scopo di semplificare le procedure di indennizzo e di ridurre i tempi di liquidazione del danno. Viceversa, la presenza del responsabile civile nella procedura di risarcimento diretto, lungi dal semplificare, ha l'effetto di complicare il giudizio ed allungare i tempi processuali. Si pensi, ad esempio, alle ipotesi in cui il convenuto spieghi domanda riconvenzionale oppure chieda la chiamata in garanzia del proprio assicuratore. La legittimazione passiva del convenuto all'interno della procedura di indennizzo diretto, dunque, contro l'intenzione del legislatore, vanificherebbe la finalità della norma ed anzi porterebbe a procrastinare la durata dei processi, e ciò in contrasto con l'esigenza di garantire la celerità e concentrazione del giudizio, costituzionalmente affermata dall'art.111 della Costituzione e più volte ribadita dalla giurisprudenza di legittimità.

L'impatto degli elementi di fatto: i testimoni e i periti

Le dichiarazioni dei testimoni, come noto in particolare nei procedimenti giurisdizionali, sono decisive. Altrettanto noto che, di regola, nell'assicurazione RCA la compagnia della controparte affida ad un perito l'incarico di ispezionare l'automobile. Il danneggiato deve mettere a disposizione l'automobile per almeno 8 giorni, indicandone il luogo nella lettera di denuncia del sinistro o in una lettera autonoma o per fax. Se il perito non ispeziona l'automobile, essa può essere riparata, ma il carrozziere deve in ogni caso fare foto di buona qualità, deve conservare i pezzi sostituiti e compilare una lista dei danni, affinché il perito possa successivamente effettuare una perizia postuma. A tal fine, premessa la generale rilevanza di tali aspetti in ambito di mediazione civile, rileva, in particolare, la disposizione di cui all'art. 10, inutilizzabilità e segreto professionale, a tenore della quale: "*1. Le dichiarazioni rese o le informazioni acquisite nel corso del procedimento di mediazione non possono essere utilizzate nel giudizio avente il medesimo oggetto anche parziale, iniziato, riassunto o proseguito dopo l'insuccesso della mediazione, salvo consenso della parte dichiarante o dalla quale provengono le informazioni. Sul contenuto delle stesse dichiarazioni e informazioni non è ammessa prova testimoniale e non può essere deferito giuramento decisorio. 2. Il mediatore non può essere tenuto a deporre sul contenuto delle dichiarazioni rese e delle informazioni acquisite nel procedimento di mediazione, ne' davanti all'autorità giudiziaria ne' davanti ad altra autorità. Al mediatore si applicano le disposizioni dell'articolo 200 del codice di procedura penale e si estendono le garanzie previste per il difensore dalle disposizioni dell'articolo 103 del codice di procedura penale in quanto applicabili*".

Ne consegue che il contenuto del procedimento conciliativo non può transitare se non, nel caso di specie, con un'autonoma valenza di prova testimoniale e peritale, come mezzo di prova privilegiato nell'eventuale giudizio civile.

Qui la mente corre ai casi di più o meno parziali ammissioni di responsabilità da parte di uno dei contendenti che possano essere emerse nel corso della procedura in esame, proprio intorno alla valutazione di prove allegate dalle parti. Da un lato, si sancisce l'inutilizzabilità delle dichiarazioni rese o delle informazioni acquisite all'interno della procedura conciliativa, relativamente al processo che abbia identico oggetto rispetto alla mediazione e che sia iniziato, riassunto o proseguito dopo il fallimento di quest'ultima: ciò, tuttavia, a meno che non vi sia il consenso – da ritenersi espresso, ma non necessariamente in forma scritta, e pur sempre libero – del dichiarante o dell'informatore; dall'altro, invece, è prevista l'inammissibilità dei mezzi istruttori della prova per testi e del giuramento decisorio, sempre qualora, ovviamente, essi abbiano ad oggetto le predette dichiarazioni ed informazioni.

Il mediatore, inoltre, è equiparato, ai fini di un'eventuale deposizione in giudizio o davanti ad altra autorità, al titolare del segreto professionale e come tale non è obbligato a rendere dichiarazioni circa i fatti di cui abbia avuto conoscenza in ragione del suo ufficio, potendo validamente opporre l'esistenza di un rapporto qualificato e giuridicamente protetto tra sé e l'oggetto della propria conoscenza. Deve ritenersi, inoltre, che ove il mediatore non intenda avvalersi di una simile facoltà, la sua condotta, in sede di dichiarazioni all'Autorità Giudiziaria, non possa comunque integrare la fattispecie penalmente rilevante di cui all'art. 622 c.p., rivelazione del segreto professionale.

Rapporti tra procedure di conciliazione e perizia contrattuale

Secondo una recente giurisprudenza in tema di assicurazione contro i danni, qualora le parti affidino ad un terzo l'incarico di esprimere un apprezzamento tecnico sull'entità delle conseguenze di un evento al quale è collegata la prestazione dell'indennizzo, impegnandosi a considerare tale apprezzamento come reciprocamente vincolante, il relativo patto esula dall'ambito dell'arbitrato, rituale o irrituale, e configura un'ipotesi di perizia contrattuale che non interferisce sull'azione giudiziaria rivolta alla definizione delle indicate questioni. Come ribadito dalla Cassazione, infatti, la legge consente alle parti di definire la risoluzione delle controversie, insorte o che siano per insorgere, a soggetti privati, gli arbitri, invece di sottoporle agli organi giurisdizionali competenti.

La decisione che suggella il giudizio, il lodo, non ha l'efficacia della sentenza del giudice; questa efficacia deve esserle conferita con un provvedimento dell'autorità giudiziaria, assumendo così il valore, e producendo gli stessi effetti, di una sentenza. Invero, quello che le parti definiscono *verbale di lodo arbitrale* è privo dei requisiti previsti dagli artt. 820 e segg. del c.p.c., nonché degli artt. 809 e 810 c.p.c. sul numero e il modo di nomina degli arbitri. Tuttavia, pur a voler ritenere il verbale posto a base del ricorso per decreto ingiuntivo come atto di accordo, anch'esso è privo dei requisiti idonei per l'emissione del decreto, non avendo, le parti, ottemperato a quanto previsto dall'art. 4 in materia di valutazione del danno e di condizioni generali di assicurazione operanti tra le stesse. Detto lodo arbitrale altro non è che un'altra forma dell'arbitrato libero ed è stato definito dalla giurisprudenza come una perizia contrattuale.

Con essa, le parti, si impegnano ad accettare le conclusioni degli arbitri come loro diretta espressione di volontà. Pertanto, qualora il decreto ingiuntivo sia emesso sulla base della perizia contrattuale, esso è da intendersi emesso fuori dalle condizioni stabilite dalla legge per il procedimento monitorio.

L'opposizione a decreto ingiuntivo, dando luogo ad un ordinario giudizio di cognizione, implica l'accertamento della pretesa fatta valere con la domanda di ingiunzione, con riferimento alla situazione di fatto esistente al momento della pronuncia della sentenza. La questione non è priva di rilievo dal momento che il procedimento per ingiunzione, incluse anche le ipotesi di opposizione, viene sottratto, tra le altre eccezioni, all'obbligo di ricorso alla mediazione.

Alcune questioni processuali: litisconsorzio, patto di gestione della lite, pluralità di danneggiati, acconto provvisionale

Tra gli ulteriori temi di interesse vi è la questione afferente al regime litisconsortile dell'azione diretta. E' noto, infatti, come l'art. 144 del Codice delle assicurazioni private, preveda che nel giudizio promosso contro l'impresa di assicurazione, mediante l'azione diretta, è chiamato anche il responsabile del danno. Vien dunque da chiedersi se, date le finalità che governano la mediazione e stante il rapporto di pregiudizialità procedurale tra quest'ultima ed il giudizio di cognizione, anche il procedimento conciliativo debba necessariamente ed imprescindibilmente svolgersi nei confronti del responsabile civile, oltre che dell'impresa assicuratrice.

Taluna dottrina si è già espressa in senso favorevole, senza peraltro addurre motivazioni particolari e convincenti: nel caso di litisconsorzio necessario il tentativo obbligatorio di mediazione dovrebbe essere esperito nei confronti di tutti i litisconsorti, tuttavia in mancanza si ritiene che l'integrazione del contraddittorio non debba essere subordinata al previo tentativo di conciliazione nei confronti del litisconsorte necessario, prima di notificargli la domanda. Certo pare evidente che lo svolgimento della mediazione in assenza di uno dei litisconsorti necessari possa generare qualche intralcio in corso di giudizio; ciò ove il soggetto eventualmente pretermesso in sede conciliativa, ma poi regolarmente convenuto in giudizio, eccepisca entro la prima udienza, o in suo luogo lo faccia il giudice *ex officio*, l'improcedibilità della domanda svolta nei suoi confronti.

Non vi è dubbio, poi, che l'affiancamento del danneggiante al suo assicuratore anche nella fase della mediazione potrebbe rivelarsi utile e funzionale alle finalità dialogiche e facilitative proprie della nuova conciliazione. Ma non solo: la simultanea presenza delle parti potrebbe rendere più effettivo quel rapporto di necessaria operazione tra impresa e assicurato che sovente difetta e che invece pare imprescindibile in vista di una corretta gestione ed istruzione di ciascuna posizione di danno, dalla denunzia di sinistro in avanti. Ma al di là delle questioni di opportunità, su cui torneremo tra breve occupandoci del cosiddetto patto di gestione della lite, non mi pare che la soluzione litisconsortile possa ritenersi veramente necessaria. Deve, infatti, ricordarsi che la mediazione non è un procedimento in senso tecnico, non potendo a questo applicarsi i principi che valgono per il procedimento in generale e per il processo in particolare.

Lo svincolo delle regole processuali, del resto, ben si percepisce dal complesso delle dinamiche procedurali disciplinate dal D. Lgs. 28/2010. Non si comprende perciò per quale motivo sarebbe irricevibile una domanda di mediazione nei confronti della sola impresa assicuratrice: in tal caso l'impresa medesima si troverebbe a gestire la vertenza da sola, e in assenza del proprio assicurato, esattamente come in precedenza potrebbe/dovrebbe aver affrontato la procedura liquidativa stragiudiziale.

Qualora la procedura conciliativa approdi ad un accordo *nulla questio*, ferma restando la possibilità, da parte dell'assicurato, di contestare i contenuti, ove per lui pregiudizievoli, invocando la *mala gestio* dell'impresa. In caso contrario, e solo in tal caso, potrà porsi il problema processuale sopra descritto. Problema la cui ricaduta pratica appare, peraltro, assai limitata in concreto per un duplice ordine di motivi:

a) il nuovo regime litisconsortile dell'azione diretta, tra art. 141 codice assicurazioni private ed indennizzo diretto

b) la naturale presenza, anche in esplicito, tra le condizioni generali di polizza, del cosiddetto patto di gestione della lite, in forza del quale l'ente assicuratore si trova, del tutto fisiologicamente, a gestire la posizione del danneggiato.

Più nel dettaglio, quanto al primo punto, occorre rilevare come la procedura di risarcimento del terzo trasportato, così come regolata dall'art. 141 codice assicurazioni private, introduca a favore di quest'ultimo un ulteriore opzione processuale, alternativa all'ordinaria azione diretta, e tesa ad ottenere una pronuncia di condanna indipendente dall'accertamento della responsabilità del vettore. Ora, essendo la *ratio* del litisconsorzio individuata nell'esigenza di accertare la situazione di responsabilità, su cui si fonda normalmente la condanna dell'ente assicuratore del responsabile civile, in contraddittorio con il responsabile del danno e di rafforzare la posizione processuale dell'assicuratore, consentendogli, eventualmente, di dar corso all'azione di rivalsa, la presenza del responsabile o del vettore non sembra davvero richiesta in un giudizio che prescinde, totalmente, da qualsiasi valutazione riguardante l'*an*. Per quel che invece riguarda la procedura di indennizzo diretto, regolata dagli artt. 149/150 codice assicurazioni private e dal D.P.R. 245/06, la questione relativa dell'applicabilità, o meno, del regime litisconsortile è ancora aperta in dottrina e giurisprudenza.

Per quanto sia nostra opinione che l'art. 144, e con esso la regola del litisconsorzio necessario, sia applicabile anche all'indennizzo diretto, non rinvenendosi sostanziali ragioni ostative, non può considerarsi come la opinabile posizione recentemente assunta dalla Corte Costituzionale in ordine alla facoltatività della procedura diretta legittimi un'interpretazione letterale dell'art. 149 tale da escludere ogni necessità di litisconsorzio. Il che potrebbe ulteriormente, e questa volta di molto, ridurre l'ambito d'inferenza della problematica litisconsortile, anche nei suoi riflessi sul procedimento di mediazione.

Analizzando la questione sotto altro punto di vista, non può omettersi di considerare come la prassi negoziale contempli, in modo di fatto sistematico, l'inserzione tra le condizioni di polizza della clausola di gestione della lite, mediante la quale è trasferito all'assicuratore il governo, fintanto che ne ha interesse, secondo la formula normalmente in uso, di ogni evento litigioso anche per conto del proprio assicurato. Il patto di gestione della lite sembrerebbe connaturato al contratto di assicurazione della responsabilità civile, non tanto per le ragioni addotte dalla dottrina più risalente, secondo cui tale patto sarebbe un portato naturale dell'art. 1914 c.c., bensì proprio per il disposto del secondo comma dell'art. 1917 c.c., comma 2, a mente del quale l'assicuratore ha facoltà, previa comunicazione all'assicurato, di pagare direttamente al terzo danneggiato l'indennità dovuta, ed è obbligato al pagamento diretto se l'assicurato lo richiede. Secondo una simile tesi, il patto di gestione della lite integrerebbe l'ordine dell'assicurato dato alla propria compagnia già al momento della stipula del contratto, affinchè questa provveda a pagare direttamente il terzo. Così, l'utilizzo del termine "pagare" nella norma sottenderebbe anche la possibilità per la compagnia di gestire direttamente il rapporto liquidativo con il terzo. Tale clausola, che nei suoi riflessi più semplici trova giustificazione, a nostro parere, nella stessa formulazione dell'art. 1917 c.c. e forse, ancor prima, nella stessa previsione dell'azione diretta, risolve, di fatto, gran parte delle problematiche, ferma restando l'esigenza di meglio disciplinare i contenuti anche in vista, ed in funzione, della procedura di mediazione.

Può, infatti, ritenersi che nella maggior parte dei casi, la presenza della compagnia davanti al mediatore presupponga l'attribuzione, in capo alla stessa, di poteri di gestione della lite per conto del responsabile civile. Il tutto senza omettere di ricordare che l'art. 149 prevede che la liquidazione del danno da parte dell'impresa gestionaria liberi naturalmente il responsabile civile e la sua impresa assicuratrice dal debito risarcitorio. Pare, perciò, che la problematica litisconsortile si presenti, con riferimento alla mediazione, nei fatti assai meno urgente di quanto, a prima vista, potrebbe sembrare. Semmai potrebbe considerarsi la più particolare tematica relativa allo specifico regime litisconsortile previsto dall'art. 140 codice delle assicurazioni private in caso di potenziale supero del massimale di polizza, in caso di pluralità di danneggiati.

in tale ipotesi, peraltro, può escludersi la possibilità che la mediazione sia proposta da uno solo dei danneggiati nei confronti dell'impresa assicuratrice; in tal caso, naturalmente, l'oggetto della mediazione potrebbe essere soltanto la ricognizione del potenziale debito risarcitorio nei confronti del danneggiato medesimo, ferma restando la necessità di rinviarne la successiva liquidazione, integrale o *pro* quota, nel concorso degli altri danneggiati Qui, peraltro, l'incapienza del massimale e la potenziale esposizione in proprio del responsabile civile renderebbe necessaria la partecipazione di quest'ultimo anche nella procedura di mediazione, onde non rendere certamente improcedibile un'eventuale successiva domanda giudiziale volta ad ottenere, dal responsabile medesimo, il pagamento della parte di risarcimento non coperta dalla polizza.

Da ultimo merita di essere ricordata la possibilità di dar corso alla causa di merito, anche in assenza di previo esperimento della conciliazione obbligatoria, al limitato fine di ottenere la concessione dell'acconto provvisionale di cui all'art. 147 codice assicurazioni private. Trattandosi, infatti, di misura a contenuto sostanzialmente cautelare, ed essendo provvedimento concedibile soltanto nel corso del giudizio di primo grado, non paiono sussistere dubbi circa la possibilità di promuovere la causa proprio al fine di ottenerne la liquidazione, sebbene con riferimento al vecchio art. 24 L. 990/1969. Fermo restando che il Giudice, una volta espressosi sul punto, in via necessariamente preliminare, dovrà prendere atto dell'improcedibilità della causa per la sua trattazione nel merito e perciò rinviare le parti davanti all'organismo di mediazione.

* * *

Prospettive a breve: luci e ombre

La mancata comparizione in mediazione: per le assicurazioni è un boomerang

L'atteggiamento ostruzionistico di alcune compagnie assicurative verso la procedura di mediazione potrebbe portare a gravi conseguenze in giudizio: questo è quanto si evince dal decreto legislativo 28/2010, valorizzato, peraltro, da recenti sentenze.

L'associazione FederMedialex ha recentemente inviato una lettera di appello al presidente della Repubblica, Giorgio Napolitano, affinché sostenga l'istituto della mediazione. L'auspicio é che non si assista più a comportamenti di ostacolo; comportamenti che, peraltro, rischiano di diventare un boomerang per chi li mette in atto. Il riferimento va, in particolar modo, alle compagnie di assicurazione che spesso non si presentano come parte invitata al procedimento di mediazione. Purtroppo, accade frequentemente, che le compagnie ignorino la convocazione in mediazione. Le conseguenze di questo atteggiamento possono essere gravi. E' l'articolo 8, comma 5, del decreto legislativo 28/2010 ad avvertire che "*Dalla mancata partecipazione senza giustificato motivo al procedimento di mediazione il giudice può desumere argomenti di prova nel successivo giudizio ai sensi dell'articolo 116, secondo comma, del codice di procedura civile*".

Una recente sentenza del Tribunale di Roma, sede distaccata di Ostia, del 5 luglio 2012, afferma che la mancata comparizione di una compagnia di assicurazione attesta il perseguimento di intenti dilatori. Attraverso questa sentenza si evince che é possibile raggiungere la prova della infondatezza delle eccezioni della parte invitata in base al combinato disposto dell'art. 116 c.p.c. e dell'art. 8 del D.Lgs. 28/10. Il Giudice trae gli argomenti di prova proprio dalla mancata comparizione della parte chiamata in mediazione, considerandoli integrazione di prove già acquisite, se non unica e sufficiente prova, in base ad una valutazione dei fatti e degli elementi documentali a sua disposizione.

Con l'evolversi della giurisprudenza in materia, appare più frequente il caso in cui le compagnie assicurative indichino le motivazioni di rifiuto a comparire in mediazione direttamente nella risposta di convocazione. Si tratta di un ennesimo e ingenuo tentativo di aggirare la mediazione inventandosi una via più elegante rispetto alla semplice mancata comparizione. Ma tale prassi non ha alcun valore. Nel raro caso, infatti, in cui qualche organismo consenta al mediatore di inserire nel processo verbale di esito negativo il motivo di mancata comparizione addotto dalla parte invitata, esso non é vincolante per il giudice nel successivo giudizio.

La parte che non ha partecipato alla mediazione dovrà presentare giustificato motivo direttamente nel processo. Se l'assicurazione non fornisce motivazioni più che valide, appare chiaro l'aggravarsi di una posizione di malafede e la più che probabile sconfitta in sede giudiziaria. Per questo é oggi opportuno che le compagnie assicurative comprendano i vantaggi offerti dalla mediazione e, soprattutto, la *ratio* di tale istituto che si basa sull'incontro e il dialogo fra le parti.

Come far decollare la mediazione

L'opportunità di risolvere le controversie mediante le mediazioni è ghiotta per le compagnie di assicurazioni che possono accelerare i tempi di liquidazione dei danni, ridurre fortemente le spese legali e, tendenzialmente, anche gli importi liquidati. Per converso gli utenti potranno avvalersi di procedure più snelle ed ottenere più rapidamente gli importi dovuti. A tale fine saranno di fondamentale importanza schede informative sul sinistro, ad uso dei mediatori civili, per consentire di agevolare la definizione in via transattiva e stragiudiziale delle controversie.

Entrando nella materia si scopre subito che in ambito assicurativo sia il contenzioso che il precontenzioso sono caratterizzati da alcune specificità, che meritano considerazione dal punto di vista tanto dello studio teorico della legge applicabile quanto dell'attenzione nella sua applicazione pratica. Come prima cosa succede spesso che in mediazione si presentino una pluralità di parti, sia in quanto l'assicuratore è sovente chiamato in garanzia, sia perché spesso, soprattutto nelle questioni di responsabilità civile, la disputa verte su sinistri che coinvolgono più parti, e i rispettivi assicuratori, sia ancora perché entrano in gioco rapporti riassicurativi.

Altra particolarità del settore assicurativo è data dallo stesso D. Lgs. 28/2010 che disciplina, bisogna ammetterlo anche in maniera superficiale in ambito assicurativo, le tecniche di mediazione. Il riferimento è alla mediazione con carattere facilitativo e alla mediazione con carattere valutativo.

Infatti anche se il legislatore ha dato una preferenza temporale alla mediazione di tipo facilitativo, diventa molto probabile, se non ovvio, che in una materia così delicata la necessità di passare nel medesimo procedimento ad una mediazione di tipo valutativa sia dietro la porta.

Infatti la particolarità del settore assicurativo è il fatto che molto spesso le discussioni vertono su tecnicismi della materia.

La scelta del legislatore è corretta, la fase facilitativa è parte fondamentale della mediazione ed è in questa fase che il mediatore fa emergere, con domande e ragionamenti opportuni gli interessi ed i bisogni sottostanti delle parti, cercando di far giungere all'accordo le parti in modo autonomo e consapevole. In questa fase i costi sono contenuti e non vi sono necessità di conoscenze particolari in materia assicurativa visto che la valutazione della situazione di fatto spetta alle parti stesse. La questione sorge se nella fase facilitativa non si giunge all'accordo spontaneo delle parti. In questo contesto il mediatore deve utilizzare allora tecniche di carattere valutativo, che possono includere la formulazione di una proposta.

Si passa quindi alla mediazione valutativa e la preparazione in campo assicurativo del mediatore diventa importante. Si precisa subito che, per chi scrive, per preparazione si intende quella teorica ma anche e soprattutto quella pratica data dal contatto con casistiche concrete. Fondamentale diventa quindi per gli organismi di conciliazione formare mediatori competenti in tale materia. Si è avuto modo di rilevare, infatti, che la necessità della presenza di un esperto nel campo aumenta quanto più deve farsi luogo ad una valutazione durante il procedimento di mediazione. Si presume, infatti, che il mediatore esperto in assicurazioni si attenga nella formulazione di una proposta a criteri riconosciuti, e pertanto condivisi anche dall'assicuratore. Arrivando a suggerire una soluzione che sarà con molta probabilità considerata equa ed accettabile dall'assicuratore. Se poi la mediazione non dovesse terminare con successo, con molta probabilità la proposta equa e professionale redatta da un mediatore esperto potrà costituire a sua volta un punto importante di partenza per il giudice o arbitro adito per il giudizio di primo grado.

Ad avvalorare la necessità di avere mediatori formati e competenti c'è uno studio scientifico sperimentale condotto negli Stati Uniti, secondo cui la formulazione di una raccomandazione non vincolante, quale la proposta di accordo prevista dalla legislazione italiana, potrebbe avere un effetto positivo sulla conclusione di un accordo, valendo a fornire alle parti un *focal point* attorno al quale diviene più facile raggiungere un accordo. Vista l'attuale mancanza di un numero sufficiente di esperti nel settore, che non siano anche esponenti di una assicurazione, si prevede un largo utilizzo della possibilità offerta dal D. Lgs. 28/2010 di chiedere mediatori esperti in specifiche materie ad altri organismi di conciliazione, se previsto dal regolamento interno.

Criticità

In materia di responsabilità civile da circolazione dei veicoli, e sotto il tema puramente giuridico, si sottolineano alcune incongruità. La prima è che il D. Lgs. 28/2010, sulla scia della giusta informalità del procedimento di mediazione, non ha disciplino l'equivalente della chiamata in causa, della connessione e delle riconvenzionali, che sono sicuramente istituti necessari nei procedimenti in materia assicurativa.

La seconda lacuna riguarda il momento dal quale si può iniziare la procedura di mediazione ed il soggetto nei confronti del quale questa debba essere iniziata. Si ricordi sul tema che il Codice delle Assicurazioni Private prevede l'esperimento di una procedura amichevole di liquidazione. C'è chi sostiene, con basi apprezzabili, che prima di tale momento, infatti, non esiste ancora un contenzioso, in quanto il danneggiato o l'assicurato non sono ancora a conoscenza della posizione negoziale definitiva dell'assicuratore, dalla quale, pertanto, non possono ancora dissentire.

Terzo ed ultimo: ulteriori e delicati problemi si pongono in seguito alla nota sentenza 280/2009 della Corte Costituzionale che, con una nota ed ampiamente commentata decisione interpretativa di rigetto, ha affermato che il danneggiato avrebbe la scelta di esercitare tanto l'azione nei confronti del proprio assicuratore, prevista all'art. 149 del Codice delle Assicurazioni Private, quanto l'azione diretta di cui all'art. 144 del Codice stesso nei confronti dell'assicuratore di controparte. Evidente è che la materia dovrà essere naturalmente fatta oggetto di ulteriori studi ed approfondimenti; è certo, comunque, che in considerazione della informalità e flessibilità del procedimento di mediazione, un grande ruolo sarà svolto dall'autonomia privata, che avrà modo di esplicarsi tanto nei regolamenti degli organismi quanto nell'accordo delle parti durante il procedimento di mediazione.

Come detto, sicuramente tutti coloro che seguono l'evolversi del nuovo istituto della mediazione non possono non domandarsi, per quanto concerne le controversie attinenti la RC auto, come tale procedura andrà a impattare con il meccanismo dell'azione diretta del danneggiato e con la procedura del risarcimento diretto. L'art. 144 del codice delle assicurazioni stabilisce due importanti principi. Il primo è quello secondo il quale *"il danneggiato per sinistro causato dalla circolazione di un veicolo o di un natante, per i quali vi è obbligo di assicurazione, ha azione diretta per il risarcimento del danno nei confronti dell'impresa di assicurazione del responsabile civile, entro i limiti delle somme per le quali è stata stipulata l'assicurazione"*. Il secondo passaggio importante è quello in cui si prevede che *"nel giudizio promosso contro l'impresa di assicurazione è chiamato anche il responsabile del danno"*. Quanto emerge dal dettato di tale articolo è, quindi, un obbligo di promuovere il giudizio anche nei confronti del danneggiante, oltre che della compagnia dello stesso, e conseguentemente la previsione – in sede giudiziale – di un litisconsorzio necessario.

Spostando la problematica all'interno del procedimento di mediazione, ciò che alimenta la discussione è proprio la lacuna normativa sul punto. Infatti, in un giudizio ordinario il litisconsorzio, ove carente, viene integrato dal Giudice. I riferimenti normativi dell'istituto della mediazione, invece, nulla dicono a tal proposito. E allora che cosa accade se il danneggiato chiama in mediazione solo il danneggiante e non anche la compagnia di assicurazione di quest'ultimo? L'organismo di mediazione deve fare qualcosa per integrare il contraddittorio? E l'accordo che dovesse essere raggiunto tra le parti è opponibile alla compagnia del danneggiante? E' chiaro che, essendo la conciliazione un mero accordo contrattuale, può essere valido solo tra le parti che lo sottoscrivono. La compagnia, estranea al procedimento di mediazione, non sarà in alcun modo vincolata dall'accordo raggiunto solo da danneggiante e danneggiato. Appare quindi fortemente auspicabile che il procedimento venga correttamente incardinato tra tutti i soggetti coinvolti; perché se è vero che il danneggiante potrebbe voler pagare in proprio il danno, è altresì vero che questa può essere considerata davvero un'ipotesi residuale. E allora ecco che il ruolo degli organismi di mediazione appare centrale. Sarà probabilmente loro onere cercare di fare in modo che il contraddittorio sia completo e che si siedano al tavolo della mediazione tutti i soggetti che sono indispensabili alla corretta riuscita della stessa.

Anche per quanto concerne il risarcimento diretto la situazione è, se possibile, ancora più complessa. Infatti l'art.149 del codice delle assicurazioni prevede la possibilità, in caso di incidente tra veicoli a motore, che il soggetto danneggiato possa chiedere il risarcimento direttamente alla propria compagnia di assicurazione. Anche in questo caso occorre chiedersi se una ipotetica mediazione effettuata solo tra il danneggiato e la propria assicurazione, che anticipa la liquidazione del sinistro, abbia effetti nei confronti della compagnia del danneggiante, che dovrà poi rimborsare la compagnia del danneggiato. La risposta, come sopra, è negativa se la compagnia del danneggiante non ha partecipato alla mediazione. C'è da chiedersi, anche in questo caso, se l'apertura di una procedura di mediazione tra danneggiato e propria compagnia non faccia di fatto uscire la fattispecie fuori dal campo di applicazione del risarcimento diretto, riportando il tutto nell'ambito di una tipologia di contenzioso ordinario, dove la controparte del danneggiato sarà direttamente il danneggiante e non già la propria compagnia.

Insomma, poca chiarezza, ma soprattutto assenza di regolamentazione specifica. Alla luce di quanto indicato appare evidente come la materia presenti la necessità di essere profondamente rivista in considerazione delle tante questioni irrisolte che vi insistono sopra. Tale lacunosità dell'impianto rischia, infatti, di vanificare il presupposto stesso per cui l'istituto della mediazione è stato introdotto, ovvero quello deflattivo del contenzioso che, invece, in questa situazione rischia di essere amplificato e ulteriormente parcellizzato. ●

L'AUTORE

Avv. Luca Durante

Vive a Roma, dove è anche nato nel 1981.

Nel corso degli studi universitari ha studiato un anno in Lituania nell'ambito del progetto Erasmus.

Si è laureato a Roma in Giurisprudenza e, a seguire, ha ottenuto una borsa di studio dall'Istituto Italiano per il Commercio con l'Estero in materia di transazioni commerciali, marketing, logistica e Paesi emergenti.

Ha prestato attività di consulenza legale in ambito aziendale, soprattutto in Paesi stranieri, come Romania e Albania, dove ha più volte soggiornato. Appassionato di lingue (inglese, spagnolo, francese), fotografia e buoni vini.

Esercita la professione di avvocato in materia civile e amministrativa presso lo studio legale Cancrini-Piselli.

E' mediatore civile e commerciale dal 2011 ed è iscritto agli organismi di mediazione Area Mediazione, Organismo Italiano Mediazioni e Aemme Servizi Srl. Accreditato come mediatore professionista presso gli organismi:

➢ *"Area Mediazione"*
➢ *"Organismo Italiano Mediazioni"*
➢ *"AEMME Servizi"*

Daniele Chibbaro

Mediatore Civile Professionista

Avvocato (*)

Il Notaio
e
la Mediazione Civile

Introduzione: la figura del notaio

S in dal 1950 il notaio appariva, a parere di taluna dottrina, "guardiano del diritto", professionista cioè dedito non già alla sola formazione di un semplice documento (scrittura privata o atto pubblico), ma altresì - e soprattutto - all'attento e doveroso ascolto ed alla piena comprensione delle volontà delle parti, nonché alla relativa trasfusione di esse in un contratto, le cui clausole dovevano risultare strutturate funzionalmente a garantire il pieno raggiungimento del risultato voluto e ad ostacolare l'eventuale insorgenza di liti.

Da qui, l'importanza della **funzione antiprocessuale del notaio**, intesa nell'accezione istituzionale approvata all'unanimità a Madrid nel maggio 1990 dall'Assemblea dell'Unione Internazionale del Notariato Latino, dove si legge che lo stesso esercita il proprio ruolo nell'ambito di una libera professione comprendente tutte le attività giuridiche non contenziose ed altresì che *"il suo intervento, tanto per la consulenza che fornisce in modo imparziale, ma attivo alle parti, come per la redazione del documento autentico, che nel risultato, conferisce all'utente del diritto la sicurezza giuridica che questi ricerca. In tal modo l'intervento del notaio previene possibili liti, costituisce elemento indispensabile per una buona amministrazione della giustizia"*.

Dall'analisi, dunque, delle diverse funzioni o definizioni susseguitesi nel tempo della figura notarile emergono, in modo evidente, i punti di contatto tra due sistemi apparentemente lontani e divergenti, quali il notariato e la mediazione.

Questa sorta di correlazione di ruoli nasce dalla riforma del processo societario (*artt. 38, 39, 40 d.lgs. 17 gennaio 2003, n. 5*) - snodo fondamentale nella storia della conciliazione italiana - e dalla relativa convinzione circa la naturale attitudine del notaio nel gestire i tentativi di conciliazione e nel disciplinare l'assetto di interessi scaturenti dall'accordo, con abile composizione degli interessi diversi delle parti nel pieno rispetto delle norme statali.

Pertanto, oggi, pur non avendone ancora piena consapevolezza, il Notariato, per le sue peculiarità, risulta essere tra gli Ordini professionali più coinvolti nel nuovo sistema della mediazione.

Se si analizzano tutte le fasi della mediazione, infatti, si può facilmente notare come il Notariato potrebbe entrare in ognuna di esse:

⚔ **Prima della mediazione**, suggerendo l'inserimento di apposite clausole nella contrattualistica in genere;

⚔ **Direttamente nello svolgimento della procedura di mediazione**, creando Organismi di mediazione, come mediatore o mediatore ausiliario, come formatore in mediazione o, ancora, come esperto per le sue specifiche competenze tecniche;

⚔ **Dopo la conclusione del procedimento di mediazione** come pubblico ufficiale al fine di conferire al verbale di accordo la forma autentica necessaria per l'accesso ai registri pubblici ovvero necessaria per attribuire all'accordo stesso efficacia esecutiva.

* * *

Influenza del notaio nella diffusione
della cultura della mediazione

Il notaio, nello svolgimento del suo quotidiano ruolo di esperto di diritto e di tecnica contrattuale, ha la possibilità e l'opportunità di strutturare le clausole contrattuali non solo coniugando il diritto con il risultato voluto dalle parti, ma suggerendo anche l'eventuale inserimento di clausole che si potrebbero definire ausiliarie rispetto al risultato primario che il singolo contratto persegue. Sotto questo profilo, il notaio è un **suggeritore** di clausole contrattuali potenzialmente privilegiato, sia per il suo ruolo di *dominus* nella stesura dei contratti, sia per il ruolo di consulente nei cui confronti il cliente presta un ascolto ed un'attenzione del tutto particolari.

D'altra parte, si ribadisce, come fin dall'entara in vigore del *d.lgs n. 5/2003*, in materia societaria, il Notariato si sia da subito proiettato in un'ottica di collaborazione con il legislatore al fine di contribuire al funzionamento del sistema allora chiamato *"conciliazione"*. La sensibilità individuale del singolo notaio ha contribuito fin da allora a diffondere la cultura di quella che appunto era chiamata conciliazione, suggerendo e strutturando, negli statuti societari redatti a partire dal 2004, clausole di conciliazione e/o di arbitrato.

Infatti, è di tutta evidenza come una controversia societaria che coinvolga, ad esempio, i soci e/o gli organi sociali, sia potenzialmente devastante per il proseguimento dell'attività di impresa, soprattutto se segue la strada della giustizia ordinaria, con i suoi tempi notoriamente biblici.

Del resto, è anche facilmente comprensibile come, in sede di redazione del primo statuto si una società di nuova costituzione, l'ascolto e la disponibilità dei soci siano massimi: in quel momento la volontà di iniziare l'attività di impresa fa sì che ci sia comunione di intenti, qualsiasi conflittualità futura è vissuta come un evento altamente improbabile se non addirittura impossibile e, comunque, il suggerimento di adottare una clausola "precauzionale" di conciliazione ha la possibilità di venir benevolmente accolto.

Il *d.lgs. n. 28/2010*, in linea, con la sua entrata in vigore, ha determinato un ampliamento immediato ed automatico dell'ambito operativo della conciliazione nelle materie civili e commerciali. Importante, in merito, l'*art. 29, comma 1, secondo cui: "sono abrogati gli articoli da 38 a 40 del decreto legislativo 17 gennaio 2003 n. 5, e i rinvii operati dalla legge a tali articoli si intendono riferiti alle corrispondenti disposizioni del presente decreto"*.

Da qui emerge, senza dubbio, la precisa volontà del legislatore non già di sola sostituzione della normativa esistente con un provvedimento dotato di maggiore completezza e sistematicità, ma altresì di creazione di una logica continuità rispetto al primo provvedimento normativo concernente la conciliazione stragiudiziale. In questo modo, si confida che ancor di più l'inserimento di clausole contrattuali di mediazione vengano utilizzate non solo in materia societaria, ma sempre di più nella contrattualistica in genere.

Prescindendo poi dall'importanza che la singola clausola di mediazione può concretamente rivestire nei rapporti tra le parti di un singolo contratto, è anche evidente come il ruolo istituzionale del notaio sia quello di dare un assetto ed una regolamentazione certa ai rapporti giuridici tra le parti, in linea con la loro volontà, ma anche quello di adottare le cautele che possano contribuire alla stabilità nel tempo dei rapporti medesimi, soprattutto quando si tratti di rapporti di durata.

Infine, nell'ottica del buon funzionamento del sistema mediazione, non va sottovalutata quanta importanza rivesta la diffusione della sua cultura e della sua conoscenza. A tal proposito, è auspicabile che il Notariato, ben sensibile all'importanza di un buon funzionamento del sistema giustizia, sia lungimirante e si impegni, nei vari ruoli in cui la normativa in materia rende possibile il suo intervento, per la massima diffusione della **"cultura della mediazione"**.

Il notaio mediatore

IL NOTAIO
è
UGUALE PER TUTTI

Il dovere di imparzialità del

La formazione specifica del singolo notaio può essere messa a disposizione del sistema mediazione anche attraverso un suo coinvolgimento non come pubblico ufficiale, ma come professionista che si impegna in un ruolo diverso e nuovo rispetto a quello istituzionale, potendo assumere la veste di **mediatore (o mediatore ausiliario) e formatore**.

Viene, dunque, ad egli riconosciuta la facoltà, quale ordine professionale, di istituire, a norma dell'*art. 19*, in relazione alle materie inerenti la sua competenza e previa autorizzazione del Ministero della Giustizia, **organismi speciali di mediazione** presso i consigli dei relativi ordini professionali; nonché la possibilità di iscrizione, a seguito di un percorso di formazione per il conseguimento della qualità di mediatore, presso Organismi di conciliazione, pur eventualmente diversi da quelli istituiti dal proprio ordine professionale, con conseguente impiego, ai sensi dell'*art. 8, comma 1*, in qualità di conciliatore, nell'attività del relativo organismo, in specie laddove si profilino necessarie specifiche competenze tecniche per la natura peculiare della controversia.

In tale ultima ipotesi, i doveri di imparzialità e riservatezza, prescritti per il mediatore dagli *artt. 1, 3, 9, 14 d.lgs. n. 28/2010*, troveranno nel notaio che svolga tali funzioni, un'applicazione del tutto spontanea e naturale, trattandosi di mettere in pratica ciò che fa già parte del suo **"dna istituzionale"** (*Codice Deontologico dei Notai – Della segretezza – Art. 38: "Nell'esercizio della sua attività il notaio è tenuto al rigoroso rispetto del segreto professionale con riguardo alle persone che ricorrono alla sua opera, al contenuto della stessa e a tutto ciò di cui sia venuto a conoscenza nella esecuzione della prestazione, sia per il tempo della stessa che successivamente. Egli è altresì tenuto a fare quanto necessario e a sorvegliare che tale prescrizione sia rispettata dai suoi collaboratori."*

Dell'imparzialità e degli altri doveri - Art. 41: "Nella esecuzione della prestazione il notaio deve tenere un comportamento imparziale, mantenendosi in posizione di equidistanza rispetto ai diversi interessi delle parti e ricercandone una regolamentazione equilibrata e non equivoca, che persegua la finalità della comune sicurezza delle parti stesse.").

Al notaio libero professionista, formato già autonomamente in tal senso, è imposto l'obbligo normativo e deontologico di evitare commistioni tra vita privata e ruolo professionale, di svolgere l'attività in favore di parenti o persone rispetto alle quali possa porsi in conflitto di interessi, ovvero di sfruttare vantaggi diretti o indiretti dalle notizie o dalle informazioni acquisite in ragione della relativa professione. Più in generale, sempre riguardo alle norme e alle regole che si devono rispettare, il notaio che svolge funzioni di mediatore è soggetto in tutto e per tutto alla normativa specifica in materia ed alle disposizioni del Regolamento di mediazione adottato dall'Organismo per il quale ha dichiarato la disponibilità a svolgere tali funzioni.

Lo svolgimento della mediazione da parte del notaio può avvenire anche come **mediatore ausiliario**. Si ricorre a tale figura quando l'Organismo ritiene che una determinata controversia necessiti di specifiche competenze tecniche (*art. 8, comma 1, ultimo periodo, d.lgs n. 28/2010*) di cui il mediatore non sia già autonomamente portatore. Il notaio può, quindi, essere scelto scelto dall'Organismo di mediazione presso il quale è accreditato – ovviamente solo se ha acquisito la qualifica di mediatore - per la sua specifica formazione culturale nel campo del diritto.

Uno dei requisiti fondamentali per poter esercitare come mediatore è certamente la formazione continua con corsi si aggiornamento. Infatti, a differenza di quanto avveniva in materia di conciliazione societaria, quando veniva riconosciuta la figura del **conciliatore di diritto** (*art. 4, comma 4, del d.m. n. 222/2004*), oggi il mediatore, anche se iscritto ad un ordine o collegio professionale, è necessariamente tenuto non solo alla formazione specifica iniziale, ma anche alla formazione continua biennale ed al tirocinio assistito affinchè possa concretamente disporre di quegli strumenti che gli consentano di svolgere al meglio la sua attività (obbligo introdotto dagli *artt. 4 e 6 del D.M. n. 180/2010*). In tal senso, la normativa attuale è chiarissima e prevede esplicitamente **"elevati livelli di formazione dei mediatori"** come corretto ed imprescinibile presupposto per lo sviluppo positivo della mediazione.

Il notaio formatore

Per la formazione in materia di mediazione, esiste una disciplina dedicata e mirata.

L'*art. 16 comma 5, del d.lgs n. 28/2010* dispone l'istituzione, presso il Ministero della Giustizia, dell'**Elenco dei formatori**, che si affianca al Registro degli Organismi di mediazione, con una propria autonoma funzione.

Il legislatore, varando poi il *d.m. 180/2010* (modificato dal *d.m. 145/2011*), si è occupato degli enti di formazione e dei formatori, definendo i criteri per l'iscrizione, sopensione e cancellazione degli iscritti, nonchè lo svolgimento dell'attività di formazione, in modo da garantire elevati livelli di formazione dei mediatori.

Col suddetto decreto, è stato istituito presso il Ministero della Giustizia il **Registro degli Organismi abilitati a svolgere la mediazione**.

Analogamente a quanto osservato per lo svolgimento della funzione di mediatore, anche i formatori potranno svolgere tale attività non *uti singuli*, ma all'interno di una struttura di un **Organismo di formazione** che, in persona del responsabile scientifico, dovrà verificare l'esistenza dei requisiti richiesti per i formatori (*art. 18, ultimo comma, d,m, n. 180/2010*), come esplicati nella circolare del Ministero della Giustizia del 13 giugno 2011.

Più in particolare, si tratta dei medesimi requisiti di onorabilità richiesti per i mediatori e di specifici requisiti di qualificazione e precisamente:

- *per i docenti di **corsi teorici** è richiesta la pubblicazione di almeno tre contributi scientifici in materia;*

- *per i docenti di **corsi pratici**, è invece richiesto l'aver svolto almeno tre proceduredi mediazione presso Organismi di mediazione;*

- *per tutti i docenti è richiesto l'aver svolto l'attività di docenza in corsio seminari in materia e l'impegno della formazione continua (almeno 16 ore di aggiornamentonel corso di un biennio).*

Il notaio, quindi, al pari di ogni altro soggetto in possesso di tutti i suddetti requisiti, potrà dedicarsi all'attività di formazione presso un Organismo di formazione.

* * *

Il notaio esperto

Come già detto, l'*art. 8, comma 1, del d.lgs. n. 28/2010* prevede che l'Organismo di mediazione possa nominare uno o più mediatori ausiliari. Nei casi in cui, invece, l'Organismo non provveda alla nomina di un mediatore ausiliario esperto in una determinata materia, ed occorra invece una competenza specifica al fine di un proficuo svolgimento della procedura di mediazione, sarà lo stesso mediatore a potersi avvalere della facoltà a lui attribuita dall'*art. 8, comma 4, del d.lgs. n. 28/2010*. La norma prevede, infatti, che il mediatore possa avvalersi di **esperti** iscritti negli albi dei consulenti presso i Tribunali.

La materia è espressamente disciplinata dagli *artt. 13-23* delle disposizioni per l'attuazione del codice di procedura civile, soto il Capo II *"Dei consulenti tecnici del giudice"*, del Titolo II *"Degli esperti e degli ausiliari del giudice"*, nonchè dagli *artt. 61 ss. c.p.c. E 194 ss. c.p.c.*

Il sistema processualistico civile del nostro ordinamento distingue tra:

- **consulente tecnico** (*artt. 61,62, 63, e 64 c.p.c.*);
- **custode** (*art. 65 c.p.c.*);

- **altri ausiliari del giudice** (*art. 68 c.p.c.*), indicati come *"esperti in una determinata arte o professione e, in generale, ... persona idonea nel compimento di atti che il giudice non è in grado di compiereda solo"*. Il *secondo comma dell'art. 68 c.p.c.* prevede poi che il giudice possa demandare ad un notaio il compimento di determinati atti nei casi previsti dalla legge.

Ne sistema processuale civile è quindi lasciata ampia possibilità di scelta ai giudici, cancellieri o uffici̇lai giudiziari, nella nomina degli ausiliari.

Il *comma 4 dell'art. 8 del d.lgs. n. 28/2010*, coordinato con il primo comma del medesimo articolo, che dunque prevede la facoltà del mediatore di avvalersi, per determinate controversie, di esperti , rinviando, ai fini della loro individuazione, all'*iscrizione nell'albo dei consulenti presso i tribunali*, può essere interpretato nel senso di voler indirizzare la scelta degli **ausiliari** che coadiuvino il mediatore verso **esperti affidabili**, con criteri analoghi a quelli che segue il giudice nella nomina dei suoi ausiliari. Il legislatore intende, così, dettare un parametro di riferimento nella scelta degli esperti, indirizzandola verso persone competenti che diano garanzie di affidabilità.

Pertanto il notaio, le cui regole di formazione e di accesso alla professione ne fanno un professionista esperto nelle materie di sua competenza, si ritiene possa costituire figura di riferimento al quale il mediatore può rivolgersi nella scelta di un esperto affidabile ai sensi dell'*art. 8, comma 4, del d.lgs. n. 28/2010*.

Infine, è interesante sottolineare come, a differenza del mediatore ausiliario, il **notaio esperto** possa iscriversi negli albi dei consulenti presso i Tribunali, pur senza la formazione specifica del mediatore, ponendo in siffatta modalità la sua professionalità specifica a servizio pieno dei mediatori che intendano avvalersi di esperti per le materie caratterizzate da precise competenze tecniche.

Il Notaio pubblico ufficiale e l'accordo di conciliazione

Il notaio autentica l'accordo di conciliazione

Per accordo di conciliazione, *ai sensi del d.lgs. n. 28/2010*, si intende l'**accordo raggiunto dalle parti a conclusione di un procedimento di mediazione**. In questa fase, in accordi che comportino pubblicità immobiliare, l'intervento del notaio, in veste istituzionale propria, assume una importanza pregnante.

L'*art. 11 del D. Lgs, 11. 28/2010* disciplina la fase finale del procedimento di mediazione ed, in particolare, prevede che l'esito del procedimento stesso venga, in ogni caso, documentato in un **"processo verbale"** (sottoscritto dalle parti e dal mediatore il quale certifica l'autografia della sottoscrizione apposta dalle parti o la loro impossibilità di sottoscrivere).
Tale processo verbale può attestare:

• **l'esito negativo** del procedimento, in caso di mancato raggiungimento dell'accordo;

• **l'esito positivo** del procedimento, nel caso sia stato raggiunto dalle parti l'accordo amichevole che, in tal caso, verrà allegato al verbale.

L'art. 11 del D. Lgs. r1. 28/2010 prevede due attività di autentica di sottoscrizioni fra di loro molto diverse per funzione, struttura e finalità:

- **la certificazione** da parte del mediatore delle sottoscrizioni apposte dalle parti nel verbale (*solo nel verbale e non anche nell'accordo, inteso come negozio di autonomia privata, ad esso allegato o in esso contenuto. Diversamente argomentando si ammetterebbe una certificazione non consentita di sottoscrizioni apposte ad accordi negoziali, per i quali è comunque necessaria una autentica notarile*). E' doveroso chiarire – come si approfondirà più avanti (par. 8) - che la certificazione apposta dal mediatore non ha in alcun caso valore e funzione di autentica notarile; non attribuisce in alcun caso **efficacia esecutiva**, la quale può essere attribuita all'accordo solo dal **provvedimento di omologazione del Presidente del Tribunale** ovvero, seppure in misura diversa, dalla **traduzione dell'accordo in forma di atto pubblico o scrittura privata autenticata dal notaio** (*art. 474 c.p.c.*); non è in alcun caso idonea per la pubblicità dell'accordo nei registri immobiliari o commerciali (a tal fine, ovviamente, non è idonea neppure l'omologazione ex *art. 12 d.lgs. n. 28/2010* che ha la diversa funzione di conferire efficacia esecutiva all'accordo).

- **l'autenticazione** da parte di un pubblico ufficiale a

ciò autorizzato, nel caso in cui si sia raggiunto un accordo amichevole di conciliazione soggetto a trascrizione ex *art. 2643 c.c.* si rende necessaria, non solo nel caso espressamente previsto dalla norma, ma in ogni caso in cui con l'accordo si concludano negozi soggetti a pubblicità in pubblici registri, immobiliari e commerciali, per il cui accesso è richiesta quella forma qualificata *(art. 11, comma 3, d.lgs. n. 28/2010)*.

Da notare come nella relazione illustrativa al *d.lgs. n. 28/2010*, la stesura definitiva adottata per l'*art. 11, comma 3,* è stata espressamente motivata nel modo seguente: *"...al fine di garantire la certezza dei traffici ed offrire maggiori garanzie alle parti, è stato previsto che l'autografia delle sottoscrizioni del verbale di accordo che abbia ad oggetto diritti sui beni immobili soggetti a trascrizione, per poter effettuare questa ultima debba essere autenticata da un pubblico ufficiale a ciò autorizzato"*.

L'interpretazione della norma è chiara: voler ricondurre nei binari della certezza dei traffici giuridici e del neccessario preventivo controllo di legalità, ossia al principio di autenticità del titolo, tutti gli accordi di conciliazione con i quali si concludano atti e/o contratti destinati alla pubblicità immobiliare. In realtà, il legislatore, nel richiamare l'*art. 2643 c.c.*, non fa altro che rinviare ad una delle tante norme in materia di pubblicità immobiliare, quasi a voler semplicemente dire che, in ogni caso, trovano applicazione i principi dell'ordinamento giuridico e, quindi, anche le regole che la legge stabilisce per la pubblicità.

Fatta questa premessa, occorre sintetizzare l'attività che deve svolgere il notaio che interviene in veste di pubblico ufficiale al fine di autenticare o rogare un accordo di conciliazione. Svolta nel rispetto di tutte le normative speciali imposte a seconda del contenuto, della causa, dell'oggetto o degli effetti dell'accordo, tale **attività, nell'ambito della mediazione, riveste particolare rilievo considerando che il mediatore non sempre è un professionista esperto in materie giuridiche e, pertanto, l'intervento del notaio risulta di primaria importanza anche in un'ottica deflattiva del contenzioso, per evitare future controversie proprio sulla validità dell'accordo raggiunto.**

L'accordo di conciliazione, che ha natura di negozio giuridico, ai sensi dell'*art. 2 del d.lgs. n. 28/ 2010*, ha ad oggetto *"diritti disponibili"* e si può conseguentemente affermare che l'accordo di conciliazione è un *contratto*.
Il notaio che interviene ad autenticare o rogare tale *"accordo-contratto"* deve, pertanto, svolgere tutte le attività (sia di tipo istruttorio che di tecnica redazionale) ed applicare tutte le norme (sia di natura formale che sostanziale) che è tenuto ad osservare nell'esercizio del suo ruolo di pubblico ufficiale, ed in particolare è suo compito:

⚔ Verificare che l'accordo sia intervenuto su *diritti disponibili* o comunque su diritti che possono formare oggetto di regolamento negoziale privato che non siano in violazione di norme imperative (in questa ottica deve ad esempio escludersi che con un accordo amichevole di conciliazione possano raggiungersi accordi relativi a diritti patrimoniali attinenti al "regime primario" della famiglia o relativi ai figli o agli obblighi nascenti dal matrimonio, oppure possano assumersi validi obblighi a donare, oppure possano raggiungersi accordi in violazione al divieto dei patti successori);

⚜ Verificare il rispetto delle *forme previste dalla legge* (es. necessità di atto pubblico con i testimoni come per le donazioni, patti di famiglia ecc...);

⚜ Verificare la *capacità delle parti* e la loro legittimazione a disporre dei beni oggetto di accordo (capacita di agire, regime patrimoniale coniugale ecc...);

⚜ Verificare il rispetto delle norme in materia di *rappresentanza volontaria, legale od organica delle parti* (non vi é dubbio che la parte che nell'accordo intervenga a mezzo di rappresentante per la sottoscrizione di esso in forma notarile, dovrà munire chi interviene di una procura notarile, non essendo sufficiente, ad esempio, il mandato in calce conferito al proprio legale);

⚜ Verificare la necessità di *applicare normative speciali* dettate per la particolare condizione dei soggetti intervenuti (stranieri che non conoscono la lingua italiana, non vedenti, muti, non udenti ecc...);

⚜ Verificare che siano state rispettate tutte le **normative speciali** dettate per il bene che forma oggetto dell'accordo ed in considerazione degli effetti prodotti dall'accordo stesso. Qualora con l'accordo si trasferisca o si costituisca un diritto reale su un bene immobile il notaio deve rispettare tutte le relative normative del caso: **deve innanzittutto** *effettuare gli accertamenti ipotecari e catastali almeno ventennali* **e gli a**ccertamenti relativi alla conformità catastale richiesti dal Dl 78/2010, inoltre, *si deve obbligatoriamente occupare della **descrizione dell'immobile negoziato*** completa della sua identificazione catastale, dell'indicazione analitica a mezzo di apposita dichiarazione sostitutiva di atto di notorietà, *delle **modalità di pagamento del corrispettivo*** (ove pattuito), nonché dell'eventuale ***intervento di un mediatore immobiliare***, così come prescritto dalla *legge 248 del 2006* e, non meno importante del ***rispetto della normativa antiriciclaggio*** con conseguente obbligo di segnalare agli uffici competenti eventuali operazioni sospette;

⚔ Astenersi dall'autenticare accordi amichevoli in violazione di ***norme imperative, dell'ordine pubblico***, che non abbiano ad oggetto diritti disponibili, che abbiano ad oggetto fattispecie che non possono essere oggetto di deregolamentazione con atto negoziale di autonomia privata o comunque accordi invalidi. In ogni caso in cui l'accordo possa essere raggiunto con lo strumento contrattuale, ma sia carente di requisiti richiesti per la sua validità, il notaio redigerà autonomo atto di convalida o riproduttivo dell'accordo annullabile o nullo, completo di tutti i requisiti richiesti dalla legge;

⚔ Osservare le norme in materia di ***conservazione degli atti a raccolta***, precisando al riguardo che le norme del d.lgs. che prevedono il deposito del verbale, ed allegato accordo, presso la segreteria dell'Organismo di mediazione non derogano alla normativa prevista per gli atti notarili, da considerarsi comunque speciale;

⚔ Assumere la **responsabilità per i successivi adempimenti fiscali** e di pubblicità nei pubblici registri;

⚔ **Infine, sotto il** *profilo fiscale,* **il notaio deve,** ai fini della tassazione dell'atto tener presente che, ai sensi dell'*articolo 17 commi 2 e 3 del Dlgs 28/2010 "tutti gli atti, documenti e provvedimenti relativi al procedimento di mediazione sono esenti dall'imposta di bollo e da ogni spesa, tassa o diritto di qualsiasi specie e natura. Il verbale di accordo è esente dall'imposta di registro entro il limite di valore di 50.000 euro, altrimenti l'imposta è dovuta per la parte eccedente".* Nulla si statuisce ai fini delle imposte ipotecarie e catastali ma, dalla ratio e dal tenore letterale dell'*articolo 17 comma 2,* si potrebbe desumere l'applicabilità del beneficio suddetto anche a queste ultime.

* * *

Rapporti fra autenticazione notarile ed omologazione giudiziaria

Come già accennato, il *d.lgs. n. 28/2010*, nel disciplinare la nuova figura della mediazione e in particolare il verbale di conciliazione, ricorre tanto all'istituto dell'**autenticazione** (*art. 11*) che a quello dell'**omologazione** (*art. 12*).

E' dunque opportuno approfondire quali sono i rapporti tra questi due istituti, nell'assenza di qualsivoglia indicazione espressa da parte del legislatore.

Certamente non sono rare le circostanze in cui le parti interessate presentino istanza di omologazione di un verbale di conciliazione già autenticato dal notaio, per consentire la trascrizione dello stesso, nonchè, a ben vedere, anche all'opposto, chiedere al notaio l'autenticazione, sempre ai fini della trascrizione, di un verbale di conciliazione che sia stato già omologato.

In tale contesto ci si interroga, quindi, se il controllo che deve effettuare il notaio in sede di autentica e quello che deve eseguire il giudice in sede di omologazione si atteggino in termini differenti qualora siano stati preceduti, rispettivamente, dall'omologazione giudiziaria e dall'autentica notarile, e se il verbale di conciliazione – non autenticato ma omologato – costituisca titolo per la trascrizione.

Si tratta di due tipologie di controlli che, pur potendo presentare un nucleo comune o profili di parziale sovrapposizione, restano comunque distinti, quanto meno sotto il profilo dei presupposti e della funzione (trascrivibilità, in un caso, ed efficacia esecutiva nell'altro caso). Ne consegue che: tanto il notaio, in sede di autentica, quanto il giudice, in sede di omologa, dovranno effettuare il controllo che gli compete anche se questo dovesse essere stato preceduto dal controllo esercitato, per quanto di competenza, rispettivamente dal giudice, in sede di omologa, o dal notaio, in sede di autentica.

Entrambi devono verificare la conformità dell'accordo alle **normre imperative e all'ordine pubblico**, ma il notaio deve anche svolgere **attività di tipo istruttorio** piuttosto approfondite. L'omologa è necessaria ed anche sufficiente per ottenere l'**efficacia esecutiva** dell'accordo (esecuzione in **forma generica** - tutela dei crediti in denaro – e **specifica** – per la consegna e rilascio di beni determinati; per l'esecuzione di obblighi fare fungibili) e l'**iscrizione di ipoteca giudiziale** sempre in funzione esecutiva. L'autentica notarile dell'accordo è necessaria per la trascrizione, ma sarebbe di per sè sufficiente per ottenere l'efficacia esecutiva dell'accordo in forma generica non anche in quella specifica, nè per l'iscrizione di ipoteca giudiziale sempre in funzione esecutiva. Per quanto riguarda l'accordo per atto pubblico, esso è sufficiente per ottenere l'efficacaia esecutiva sia generica che specifica, ma, anche in questo caso, non sarebbe "adatto" per l'esecuzione di obblighi di fare fungibili, nè per l'iscrizione di ipoteca giudiziale.

L'omologa non è idonea ad ottenere la trascrizione dell'accordo: a tal fine è indispensabile l'autentica notarile. Lo si evince chiaramente sia dall'art. *11 del d.lgs. n. 28/2010* che richiede espressamente l'autentica del notaio in caso di trascrizione dell'atto, sia dall'*art. 2657 c.c.* che richiede la **sentenza** del giudice, o in alternativa, l'**atto pubblico**, la **scrittura privata autenticata o giudizialmente accertata**. L'accordo solo omologato non rientra in nessuna di dette categorie. Diverso è il caso dei verbali di separazione giudiziale contenenti il trasferimento immobiliare tra coniugi: esso è idoneo quale titolo per la trascrizione, in quanto il legislatore lo ha considerato, non come accordo negoziale privato solo omologato, bensì come **provvedimento giudiziale redatto da un ausiliario del giudice**, quindi integrante atto pubblico a tutti gli effetti.

* * *

Conciliazione ed usucapione

E' possibile usucapire un bene immobile con un accordo di mediazione?

Non è facile come sembra...

A causa delle numerose lacune che presenta la legge riguardo al nuovo istituto della mediazione, in dottrina e giurisprudenza sono nate numerose discussioni su diverse problematiche che, sotto certi aspetti, riguardano anche l'attività del notaio. Certamente, una delle più interessanti e di grande attualità riguarda gli **accordi di accertamento volontario dell'avvenuta usucapione**.

Il punto fondamentale della questione è quello dell'**ammissibilità di un accordo conciliativo avente ad oggetto l'accertamento dell'acquisto del diritto di proprietà o di altro diritto reale di godimento per intervenuta usucapione, e la sua trascrivibilità.**

A tal proposito si richiamano le recenti pronunce dei Tribunali di Roma, Palermo e Massa che *hanno ritenuto legittimo il rifiuto da parte del Conservatore dei Registri Immobiliari di trascrivere l'accordo di conciliazione raggiunto dalle parti all'esito di una procedura di mediazione avente ad oggetto l'accertamento dell'intervenuta usucapione, atteso che esso non costituisce titolo idoneo alla trascrizione.* In dottrina, non tutti concordano con tale orientemento o, quantomeno, sollevano legittimi dubbi. Se si avviasse un causa per accertare l'avvenuta usucapione, il Giudice rileverebbe l'usucapione (in quanto diritto reale) come materia in cui la mediazione è condizione di procedibilità del giudizio e obbligherebbe il ricorrente a rivolgersi ad un Organismo di mediazione per il tentativo di conciliazione. Se in mediazione le parti dovessero raggiungere un accordo, perchè mai questo non dovrebbe essere trascritto non essendo contrario a nessuna morma imperativa o all'ordine pubblico? Viene dunque contestato l'obbligo, nonostante un accordo raggiunto, di giungere ad una sentenza del Tribunale per imporre la trascrizione al Conservatore. In questo modo – sempre secondo la posizione di taluna dottrina – la mediazione per l'usucapione non ha motivo di esistere in quanto o è materia obbligatoria (così come previsto dall'*art. 5 del d.lgs. n. 28/2010*), e di conseguenza deve essere obbligatorio accettarne e trascriverne l'accordo, oppure deve essere esclusa dalla mediazione. In sintesi non si capisce quale sia il senso di rendere obbligatoria la mediazione per una materia (l'usucapione) un cui un'eventuale accordo non avrebbe praticamente alcun valore.

Il **Tribunale di Roma** (*Sez. V, 8 febbraio 2012*) è recentemente tornato sulla questione dell'obbligatorietà della mediazione in materia di usucapione e ha affermato che, attesa l'obbligatorietà della mediazione, **è necessario ricorrere alla via conciliativa** solo quando sussiste una controversia in fatto, **con la conseguenza che** se il fatto è pacifico tra le parti **l'usucapiente** può direttamente instaurare il processo innanzi all'autorità giudiziaria, la quale, preso atto della mancanza della lite da conciliare, non potrà rilevare l'improcedibilità della domanda. Se, invece, la controversia sussiste, l'usucapiente sarà obbligato a seguire la via conciliativa ma, ove raggiunga l'accordo, questo non sarà ostativo per l'instaurazione o la prosecuzione del successivo giudizio innanzi all'autorità giudiziaria al fine di ottenere l'accertamento ERGA OMNES E, quindi, di soddisfare il diverso e ulteriore interesse rispetto a quello soddisfatto dalla conciliazione, posto che con l'accordo conciliativo la controversia in fatto fra le parti (unica per l'appunto mediabile) è venuta meno.

In attesa di ulteriori pronunce in merito, soprattutto della Suprema Corte, il prevalente orientamento di oggi sembra indicarci che **il verbale di conciliazione (seppur omologato), avente a oggetto l'acquisto di un immobile mediante usucapione, non può essere trascritto nei registri immobiliari**, in quanto non riconducibile a una delle ipotesi normative previste dagli atti soggetti a trascrizione. Infatti, se è pur vero che l'istituto dell'usucapione rientra tra le materie per le quali è prevista la mediazione obbligatoria, è evidente che il verbale di conciliazione avente a oggetto l'accertamento dell'intervenuta usucapione del diritto di proprietà o di un diritto reale di godimento, non si risolve in uno degli accordi previsti dall'*art. 2643 c.c.*, perché non realizza un effetto modificativo, estintivo, o costitutivo, ma assume al contrario il valore di un **mero negozio di accertamento,** con efficacia dichiarativa e retroattiva, finalizzato a rimuovere l'incertezza, mediante la fissazione del contenuto della situazione giuridica preesistente.

Il potere di investire ovvero "titolare" un soggetto *ex novo* del diritto di proprietà su di un bene, in base al nostro sistema, non spetta che alla legge o al giudice cui espressamente la legge ha delegato questo potere, subordinandolo all'instaurazione del contraddittorio, all'indagine approfondita e tecnica in materia di sussistenza, alle risultanze dei registri immobiliari, e alla legittimazione passiva in capo al convenuto (*art. 2651 c.c.*). Le parti possono al limite, con un negozio di tipo confessorio dichiarativo, darsi reciprocamente atto del verificarsi di determinati presupposti fattuali, così eliminando, nei soli rapporti *inter partes*, il dubbio circa gli stessi. Oltre non possono andare.

Se così non fosse, lo strumento del negozio di accertamento volontario si presterebbe ad **utilizzi elusivi/abusivi**. Al fine di sottrarre beni alla propria sfera patrimoniale, un qualsiasi soggetto potrebbe fingere una lite per usucapione con un altro "scelto ad arte" e riconoscere in capo a questi l'avvenuto acquisto a titolo originario, con seri pregiudizi per tutto il sistema della circolazione dei beni e della responsabilità patrimoniale generica.Alla luce di tutto quanto esposto, emerge evidente il dovere del notaio di **astenersi** dall'autenticare accordi amichevoli che non abbiano ad oggetto diritti disponibili, che abbiano ad oggetto fattispecie che non possono essere oggetto di deregolamentazione con atto negoziale di autonomia privata o comunque accordi invalidi.

Problema della compatibilità
dei diversi ruoli del notaio

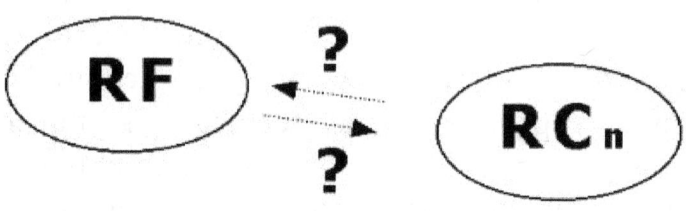

Uno | Compatibilità tra ruolo focale (mediatore) e ruolo contiguo (notaio) | dei dubbi venuti alla luce in seguito alla nascita della figura della mediazione è se nella persona del notaio possa legittimamente coesistere il suo ruolo istittuzionale di pubblico ufficiale con quello di mediatore, soprattutto laddove sia individuabile l'assunzione di una **pluralità di ruoli nel medesimo contesto**.

Nel momento in cui il notaio abbandona il cappello del pubblico ufficiale, per indossare quello del mediatore, la sua attività è disciplinata esclusivamente dal Regolamento dell'Organismo di mediazione per il quale opera e dalle norme di riferimento in tema di mediazione fino alla conclusione di tutta la procedura, che tecnicamente coincide con la sottoscrizione del verbale di mediazione in veste, appunto, di mediatore.

In altri termini, sotto il profilo, ad esempio, degli obblighi, della responsabilità, delle incompatibilità, si applicheranno le norme proprie della mediazione al soggetto che eserciti la funzione di mediatore, anche se quel medesimo soggetto, in altro contesto, svolge la funzione pubblica del notaio.

Quindi, il notaio che assume la veste di mediatore dismette, in quel contesto, quella di pubblico ufficiale. Infatti, alla nuova funzione non si applicano i vincoli territoriali propri dell'ordinamento notarile, nè divieti, regole, responsabilità di quell'ordinamento, nè la sottoscrizione del mediatore-notaio in calce al verbale di mediazione fa assumere al documento natura di atto pubblico e/o scrittura privata autenticata laddove, come mediatore, certifichi l'autografia della sottoscrizione delle parti *ex art. 11, comma 3, d.lgs. n. 28/2010*. Tale certificazione mantiene la sua propria natura, ben diversa dall'autentica. L'unico identito obbligo che accomuna il controllo del notaio sull'atto che riceve o autentica ed il controllo del mediatore sull'accordo è il rispetto delle norme imperative e dell'ordine pubblico (*art. 28 l.n. E art. 12 d.lgs. n. 28/2010*).

Si può dunque affermare che la **coesistenza** dei suddetti ruoli non significa e non può significare **sovrapposizione** dei medesimi.

L'aspetto più interessante del problema della compatibilità dei ruoli, su cui la dottrina si interroga, riguarda, però, le problematiche di **coesistenza**, in capo al medesimo soggetto e nel medesimo procedimento di mediazione, delle funzioni di mediatore prima e di notaio poi.

La possibilità può rappresentarsi nel caso in cui, con l'accordo di mediazione, si concluda un contratto che richiede l'intervento di un pubblico ufficiale per acquisire la forma necessaria di atto autentico per la pubblicità immobiliare.

Le maggiori perplessità nascono alla luce del disposto di cui all'*art. 14 d.lgs. n. 28/2010* che detta il cd. **principio dell'indipendenza**: *"al mediatore e ai suoi ausiliari è fatto divieto di assumere diritti o obblighi connessi, direttamente o indirettamente, con gli affari trattati, fatta eccezione per quelli strettamente inerenti alla prestazione dell'opera o del servizio"*. Qualora una controversia verta su una questione che può potenzialmente condurre alla conclusione di un contratto che richieda l'intervento di un notaio, si potrebbe ipotizzare che al mediatore-notaio, nello specifico, "convenga", ancor di più rispetto ad altre situazioni, far giungere le parti ad un accordo e, come tale, sia particolarmente "interessato" alla risoluzione della questione. Tale ipotesi, in realtà, non può assumere una rilevanza pregnante in quanto il mediatore, che svolga professionalmente il suo lavoro nel rispetto del ruolo che ricopre, ha sempre e comunque un interesse al fatto che il procedimento di mediazione si concluda con l'accordo delle parti.

A ben vedere, anche riguardo agli obblighi che deve rispettare il mediatore è dubitabile che l'*art. 14* possa costituire limitazione all'attività del notaio che agisca in doppio ruolo. Infatti, secondo autorevole dottrina, l'attività di autentica dell'accordo non può "contaminare" il ruolo di conciliatore espletato in precedenza dal medesimo pubblico ufficiale, minandone **imparzialità**, **indipendenza** (intesa quale assenza di qualsiasi legame tra il conciliatore ed una delle parti) e **neutralità** (mancanza di diretto interesse all'esito del procedimento di conciliazione), requisiti più volte ribaditi quali necessari dallo stesso decreto.

Appare, però, opportuno precisare che **coesistenza** dei ruoli di mediatore e notaio, non vuol dire **sovrapposizione** nemmeno in caso di identità soggettiva, in quanto una funzione comincia (quella del notaio) esattamante quando l'altra (del mediatore) finisce, senza possibilità di sovrapposizione neanche per un istante.

Il mediatore, fino a quando svolge tale ruolo, non acquisisce mai la qualifica di pubblico ufficiale. E' soggetto alle norme ed alle regole della mediazione e dell'Organismo che lo ha nominato fino alla chiusura del procedimento. Se il procedimento si chiude con una conciliazione, il mediatore deve procedere con la sola certificazione dell'autografia delle parti, senza trasformare quella certificazione in autentica notarile fino a quando, a chiusura del procedimento stesso, il mediatore potrà cambiare il suo ruolo assumendo la posizione di notaio pubblico ufficiale per gli eventuali adempimenti ulteriori.

Mantenendo questa semplice sequenza temporale, non vi è il rischio della possibile violazione dell'*art. 14* e, più in generale, delle regole che disciplinano le due diverse attività.

Chiariti i dubbi sulla coesistenza dei due ruoli, si può però sostenere che, per analogia, per connessione con il citato principio dell'indipendenza (*art. 14 d.lgs. n. 28/2010*) o, meglio ancora, per buon senso professionale, anche il notaio, così come l'avvocato, dovrebbe rispettare l'**incompatibilità** ad assumere la funzione di mediatore nel caso in cui abbia avuto negli ultimi due anni o abbia in corso rapporti professionali con una delle parti, per evitare, in questo modo, che possano sorgere incertezze riguardo alla neutralità, all'obiettività e all'oggettività' del mediatore.

Sempre con l'obiettivo di evitare possibili **conflitti di interessi**, il codice deontologico forense fa divieto all'avvocato di ospitare la sede di un Organismo di conciliazione e viceversa: *"La contiguità, spaziale e logistica, tra Studio e sede dell'Organismo costituisce fattore in grado di profilare una ipotetica commistione di interessi, di per sé sufficiente a far dubitare* dell'imparzialità dell'avvocato-mediatore". Anche in questo caso, pur non esistendo un espresso divieto della legge, il notaio, per evitare "situazioni equivoche" non dovrebbe istituire la sede di un Organismo di mediazione presso il proprio Studio.

* * *

Nel seguente articolo sono presenti alcuni passaggi delle relazioni, degli articoli e degli scritti di:

Ilaria Ferlito, Maria Luisa Cenni, Valentina Rubertelli. Cinzia Brunelli

* * *

L'AUTORE

Avv. Daniele Chibbaro

Nato a Milano il 30 gennaio 1982.
Maturità classica conseguita nel luglio del 2000.
Laurea in Giurisprudenza conseguita il 1 aprile 2005.
Avvocato dal 16 ottobre 2008.

Mediatore professionista civile e commerciale dal 5 dicembre 2011.

Attualmente impegnato a Roma e a Trieste nell'attività di avvocato. Opera principalmente nel settore civile, sia in campo giudiziale che stragiudiziale, con particolare riferimento alla responsabilità civile e al risarcimento danno, al diritto di famiglia e al diritto successorio, al recupero crediti, alle vertenze immobiliari e condominiali, alla contrattualistica in genere.

Per l'<*Antologia della Mediazione Civile*> (volume I, pubblicato nel settembre 2012) ha scritto il capitolo "*Il ruolo dell'avvocato in mediazione*".

Accreditato come mediatore professionista presso gli organismi:
> "*Area Mediazione*" di Monterotondo (RM)
> "*AEMME Servizi*" di Roma
> "*Promo Consult*" di Trieste

Fosca Colli

Mediatore Civile Professionista
Giornalista (*)

Liti condominiali, l'importanza della Mediazione Civile

"La felicità più grande non sta nel non cadere mai,
ma nel risollevarsi sempre dopo una caduta"
(Confucio)

Premessa

Il Ragionier Ugo Fantozzi, dopo una giornata di duro lavoro, rientra a casa esausto trascinando per mano la figlia Mariangela.

La moglie lo accoglie con un bacio di comprensione e quando lui con fare affamato le chiede: "*Sono in tavola gli spaghetti con il tonno? È tutto il giorno che ci penso...*".

Lei lo afferra per un braccio e esclama: "*No Ugo... aspetta.. aspetta... ma non ti ricordi che giorno è oggi?*".

E lui, quasi svenendo urla un disperato "*Nooo noooo!!!*".

E la moglie: "*Ci sono tutti*", e lui "*ah... tutti...*" e si accascia su una sedia.

Quindi, con un moto di ritrovato orgoglio e coraggio dice "*Va bene... non drammatizziamo. Voi due mettetevi in salvo e uscite solo al segnale convenuto*".

E lei: *"Il verso della civetta"*.

"No Pina, il verso del gufo! Adesso io vado"… segno della Croce.

"Ugo! Sìì prudente!".

"Pina non esagerare… ne ho passate anche di peggio nella vita".

Quindi Fantozzi si dirige con passo spedito, fiero e battagliero verso la stanza. Apre la porta con modo deciso accolto da una decina di persone comodamente sedute in sua attesa che lo accolgono con sorrisi e affabili *"Buonasera"*.

Si trattava della *terrificante seduta bimestrale* che si svolgeva a turno nelle case dei vari inquilini. In una atmosfera di estrema cordialità una condomina, sfoderando un sorriso suadente, dice, rivolgendosi al Ragionier Fantozzi: *"Abbiamo fatto lei Presidente stavolta"* tra la soddisfazione concorde di tutti i presenti.

Allorché Fantozzi, chinandosi repentinamente per prendere da sotto il tavolo un elmetto in una frazione di secondi annuncia: *"Dichiaro aperta la seduta"*.

Neanche il tempo di pronunciare quelle quattro fatidiche parole e si scatena il finimondo con tutti che se ne danno di santa ragione. Nell'aria volano insulti, accuse mazzate, sedie e suppellettili che si infrangono.

"Lei non chiude mai l'ascensore!"…

"Lei è un moroso!"…. *"e lei è un cornuto"*…

"Lei deve ancora pagare"… *"e lei si prenda questi cazzotti"*…

Uno dei presenti dice *"Andate giù a vedere la guardiola del portiere"* e due lo afferrano e lo scaraventano giù dalla finestra replicando *"Lei è l'Amministratore… vada giù a lei a controllarla... vada vada...* (si odono un sibilo e un tonfo) *ecco c'è andato".*

"E lei tenga bassa quella sua televisione!"... *"E lei tenga a bada quel suo figlio"*... Alla fine l'annuncio di Fantozzi: *"Dichiaro chiusa la riunione"* e finalmente torna come per incanto la calma e tutti si salutano con il ritrovato sorriso sulle labbra come nulla fosse successo. La classica quiete dopo la tempesta, preludio della tempesta successiva.

Questa scenetta, che ho cercato di ricostruire con dovizia di particolari per farla meglio ricordare e immaginare, è forse quella che più è rimasta impressa nella memoria collettiva. A parte essere esilarante – ovviamente per chi gradisce il genere comico – rappresenta, seppur con eccessi, quello che è lo "spirito" che pervade la stragrande maggioranza dei condomini, siano essi di piccole siano essi di grandi dimensioni. E la situazione diventa alquanto complessa quando ci si trova al cospetto di supercondomini dove vivono centinaia di famiglie, migliaia di persone. Vere e proprie cittadine con tutti i problemi che ne possono conseguire per una convivenza forzata.

* * *

Quando le liti si trasformano in tragedie

/ENERDÌ 16 NOVEMBRE 2012   Cronaca di Ro

ndominiale Brutale aggressione per futili motivi di vicinato. La giovane arrestata dai carabini

chia la vicina di casa anziana e invali

ne trascinata in casa per i piedi e massacrata con il bastone che usava per cam

etti

Le accuse

Tentato omicidio
e sequestro di persona
Caccia a un complice

i lite condomi-
motivi è sfocia-
ggio a sangue ai
l2eme invalida
in gravissime
i un importante
. E una trentot-
arrestata dai ca-

mini hanno telefonato al 112.
Altri, affacciatisi sulle scale e
dopo aver notato la donna ri-

nistratori condominiali? «Po-
co- sentenzia Rossana De An-
gelis, presidente Anaci provincia di Roma. Ma moderare i
rapporti fra condomini è il loro mestiere. «Siamo dei cinci-
liatori per definizioni - confer-
ma - lo facciamo prima delle
assemblee e durante, le assemblee sono il momento clou,
ma anche nella vita di tutti i gior-

→ Il progetto Wivi la sicurezza stradale   → | Piram

Il tren in
entra in
ma non

■ Di storie bi

La Mediazione Civile può rivelarsi fondamentale non solo per ricomporre liti ma anche per evitare tragedie. La cronaca, purtroppo, quasi tutti i giorni riferisce di episodi gravi scaturiti proprio da screzi tra condomini che forse si sarebbero quanto meno mitigate se un terzo neutrale, come il Mediatore professionista, li avesse aiutati a ritrovare il dialogo ed un punto di accordo anziché far incancrenire la situazione. Talvolta, possono anche trasformarsi in vere e proprie risse, o scatenare l'ira omicida di persone apparentemente tranquille. Ecco una breve carrellata:

- Una lite sfociata in omicidio accadde anche l'11 aprile 2000 e scaturì da una banale lite legata alle lamentele sollevate dalla vittima, il 31enne Roberto Z. (sposato e padre di un bambino), all'indirizzo di Alessandro A. (36 anni) per il continuo abbaiare del cane. In risposta alle rimostranze del vicino, Alessandro A. rientrò in casa, afferrò un coltello da cucina e colpì l'antagonista al torace, uccidendolo sul colpo. Quando arrivò la polizia, l'omicida era ancora con il coltello in mano ed era tutto sporco di sangue.

- Il 7 febbraio 2011 a Cellino San Marco un pensionato di 65 anni, S.R., uccise il suo vicino di casa, il 38enne Renato M., al culmine di una lite generata da futili motivi. In pratica, la vittima voleva rendere autonomo il suo contatore dell'acqua in quanto spesso si sarebbero verificate delle inadempienze nei pagamenti. Quindi, prima di mettersi al lavoro, aveva provveduto a chiudere la manopola dell'erogazione dell'acqua all'intero condomino. Questo fatto non era andato giù a Salvatore R. (peraltro invalido civile) che per lo stesso motivo aveva anche litigato con la figlia prima di avere il diverbio con la vittima. Salvatore e Roberto avevano poi litigato violentemente e a un certo punto il primo si era allontanato per risalire nel suo appartamento, aveva preso una pistola calibro 6,35 (tenuta illegalmente) ed era tornato sul posto a riaprire la lite. Subito dopo era sceso per fare da paciere il figlio diciassettenne di Renato. Mentre i due litigavano, Salvatore aveva estratto dalla tasca la pistola e l'aveva puntata in fronte al figlio. Renato quindi aveva urlato e, a quel punto, Salvatore gli sparò a bruciapelo tre colpi in bocca e due al torace. Fu lo stesso omicida a chiamare i carabinieri che lo portarono in carcere. Un anno e mezzo dopo, l'assassino è stato poi condannato a 22 anni di carcere.

- Meno gravi, invece, le conseguenze di altre due liti sfociate in rissa. Il 18 agosto 2009 in una cittadina pugliese una coppia e un vicino se le diedero di santa ragione per colpa di una piccola finestra che un inquilino voleva rimanesse aperta, al contrario di due coniugi che intravedevano un pericolo per il figlio. Per le conseguenze delle botte, tutti e tre finirono in ospedale.

- Il 24 settembre 2012 a San Vito, una coppia di conviventi - 45 anni lui e 42 lei - ha aggredito a calci, pugni e colpi di roncola due vicini di 30 e 17 anni, costringendoli al ricovero all'ospedale. Alla base del livore tra le due parti alcune controversie di carattere condominiale, sfociate appunto in una vera e propria aggressione fisica.

- Il 18 novembre 2012, a Piacenza, un'altra discussione degenerò con cinque persone, tra cui un bambino di dieci anni coinvolto senza volerlo nella zuffa, finite in ospedale. All'origine la ripartizione delle spese per luce, gas e acqua: gli appartamenti del palazzo condividono infatti un unico contatore, con tutte le difficoltà di calcolo che ne derivano. Difficoltà che da tempo portavano due famiglie, una delle quali "supportata" da un altro vicino, a scontrarsi, inizialmente a parole, poi con ritorsioni di vario tipo, infine, alcuni giorni fa, venendo alle mani. Una prima rissa si era verificata al pomeriggio con quattro persone finite al pronto soccorso. Alla sera la situazione prese una brutta piega: una delle due famiglie di contendenti, una coppia, al ritorno proprio dal pronto soccorso fece ingresso nel cortile dell'abitazione urtando con l'auto il figlio dell'altra famiglia di dieci anni. Scoppiò così un'altra furibonda lite con altre cinque persone costrette a ricorrere alle cure del pronto soccorso. Tutti e cinque i partecipanti alla rissa sono stati denunciati per lesioni, minacce e ingiurie.

- A Cantù (Como) il 5 novembre 2009, divampò un violentissimo diverbio nel corso di una riunione animata da insulti e spintoni. Spuntò anche da una katana giapponese, una pistola scacciacani e uno spray al peperoncino. Per i più facinorosi, due coniugi, è recentemente arrivata la condanna a 8 mesi di reclusione riconosciuti colpevoli di percosse, lesioni e minacce nei confronti di due anziani coniugi che abitavano al piano superiore e del di loro genero.

- A metà novembre 2012, a Settebagni (Rm) a vedersela brutta è stata una pensionata di 82 anni. I carabinieri hanno arrestato una inquilina 38enne con l'accusa di tentato omicidio e sequestro di persona, ai danni di una pensionata 82enne. Il fatto si è consumato sul pianerottolo di una palazzina, quale orribile epilogo di dissidi condominiali per futili motivi. La 38enne ha perso la testa ed in un raptus di follia ha aggredito la vecchietta, l'ha trascinata nel suo appartamento dove ha infierito più volte colpendola con il bastone che l'anziana utilizzava per camminare.

- Ai primi di dicembre 2012 una lite tra condomini in provincia di Varese, in località Caronno Pertusella, ha fatto registrare due feriti. Motivo? La mancata chiusura di un cancello che si è trasformata in una vera e propria aggressione ai danni di una coppia di quarantenni: lei aveva avuto da ridire con i vicini e questi sono passati ai fatti, spintonandola davanti ai suoi tre figli. Lui allora è intervenuto per difenderla, ma l'altra famiglia lo ha immobilizzato e preso a pugni. Quando i vigili sono arrivati sul posto, poi, non sono subito riusciti a soccorrere i due malcapitati: gli aggressori, chiamati altri parenti a rinforzo, hanno impedito loro di passare. Per sbloccare la situazione sono dovuti arrivare i carabinieri, che hanno permesso ai volontari di un'ambulanza di soccorrere la coppia e trasportarla al pronto soccorso.

- A Saviano (Na), a fine novembre 2012, un vicino di casa con un fucile da caccia caricato a pallini ha sparato alla testa ad ex insegnante 62enne per una lite causata da paletti che impedivano il parcheggio nel cortile tra le due abitazioni. La vittima, viva solo per miracolo, era stata raggiunta mentre era in strada. A premere il grilletto era stato un condomino, che ha utilizzato la sua arma regolarmente detenuta per "vendicarsi" di una vicenda finita anche in tribunale; da quando la vittima aveva messo paletti in cortile per evitare i parcheggi sgraditi di vetture, lamentava difficoltà di manovra con la sua auto.

- La sera del 29 maggio 2009, si concluse in tragedia l'ennesima lite tra due famiglie residenti in un condominio del quartiere popoloso romano di Tor Bella Monaca. la 24enne Saba C., madre di due bambini, venne accoltellata all'addome da un'anziana di 80 anni ed è morì poche ore dopo. La causa scatenante: un gesto di cattivo gusto compiuto dalla vittima ossia aver lanciato un uovo marcio contro la serranda dell'anziana, provocando la sua eccessiva reazione.

L'elenco sarebbe lungo, ma quanto appena riportato è senz'altro uno spaccato alquanto eloquente.

La Mediazione per riportare l'armonia

C'è chi è portato ad avere una vita più riservata e che una volta chiusa la porta di casa vorrebbe rimanere nel suo piccolo regno senza fastidi, magari sedendosi in una comoda poltrona nel salotto silenzioso dove i passi sono attutiti da soffici tappeti damascati; mettere su della musica soft in sottofondo mentre sorseggia qualcosa in pieno relax. Ma poi, deve suo malgrado fare i conti con schiamazzi, porte sbattute, abbaiare di cani, rumori che provengono dall'appartamento accanto o soprastante. Altre persone, amanti della pulizia devo invece fare i conti con pelucchi che svolazzano da chi al piano di sopra sbatte il tappeto non curandosi di chi sta sotto o respirare odori di pietanze che fuoriescono dalla cucina di chi abita vicino. Spesso si tratta di episodi piccoli e insignificanti che però, se non affrontati e risolti in maniera puntuale, efficace e soprattutto serena, rischiano di degenerare. La cronaca di tutti i giorni ci riferisce anche di episodi di estrema gravità scaturiti da situazioni apparentemente irrisolvibili ma che invece avrebbero potuto essere se non risolte quanto meno mitigate.

I tribunali sono soffocati da cause di più o meno importanti scaturite in ambito condominiale.

Fondamentale è quindi, tentare di evitare che tutto, come un fiume in piena, si riversi in un'aula di giustizia. Ecco allora l'importanza della Mediazione Civile sia essa volontaria sia essa obbligatoria.

Il legislatore con il decreto legislativo 28/2010 ha ritenuto di rendere obbligatorio il tentativo di mediazione in materia di diritti reali, divisione, successioni ereditarie, patti di famiglia, locazione, comodato, affitto di aziende, risarcimento del danno derivante da responsabilità medica e da diffamazione a mezzo di stampa o con altro mezzo di pubblicità, contratti assicurativi, bancari e finanziari e obbligatorietà anche in materia condominiale e risarcimento del danno derivante da circolazione di veicoli e natanti, nel tentativo di decongestionare il processo civile.

L'entrata in vigore del d.lgs. 4 marzo 2010 n. 28, con il quale è stata recepita la Direttiva 2008/532/CE, ha introdotto, quindi, nel nostro ordinamento l'istituto della mediazione civile e commerciale quale nuovo strumento di risoluzione alternativa delle controversie.

Il decreto cosiddetto "Milleproroghe" (legge10 del 26 febbraio 2011, comma 16-decies) aveva poi spostato di un anno (20 marzo 2012) l'entrata in vigore della mediazione obbligatoria per le controversie in materia di condominio.

Tale decreto legislativo ha compreso, all'art. 5 comma I, le liti condominiali tra quelle per le quali la procedibilità della domanda giudiziale è subordinata all'esperimento del tentativo di conciliazione (I primo comma dell'art. 5 d.lgs. n. 28/10 *"chi intende esercitare in giudizio un'azione relativa ad una controversia in materia di condominio, diritti reali,....... è tenuto preliminarmente a esperire il procedimento di mediazione ai sensi del presente decreto. L'esperimento del procedimento di mediazione è condizione di procedibilità della domanda giudiziale"*).

Uno strumento ancora poco conosciuto dai cittadini, ma in grado di rendere decisamente più rapidi i tempi della giustizia civile e di incidere fortemente sullo smaltimento dell'enorme arretrato di cause civili, che attualmente ammonta a circa 5,5 milioni di procedimenti pendenti.

Uno mezzo che consente al cittadino di poter giungere alla risoluzione della controversia personalmente, a zero costi di giustizia, rapida (dovendosi concludere al massimo nell'arco di 4 mesi) con un mediatore professionista e neutrale

La Mediazione, esercitata da professionisti competenti e responsabili ha dimostrato già nei primi anni dalla sua introduzione in Italia come ha la capacità di alleggerire il contenzioso che da tempo intasa le cancellerie e le aule dei Tribunali. I numeri snocciolati dal Dipartimento di Statistica del Ministero della Giustizia: in più del 70% dei casi, quando le parti *"si siedono attorno al tavolo della mediazione"*, i procedimenti si concludono con un verbale di componimento bonario. Positivo il fatto che si sta abbattendo il muro innalzato da alcuni componenti della classe forense nei confronti della Mediazione: basti pensare che il 60% dei mediatori accreditati è costituito da avvocati (dato ufficiale del Dipartimento di Statistica). La Mediazione Civile, obbligatoria o facoltativa che sia è irrinunciabile: oltre all'importanza che la stessa assume per dirimere la lite in modo bonario (accordo tra parti) è celere (chiusura del procedimento entro quattro mesi dal deposito della domanda) ed economica (esenzione imposta di bollo, esenzione imposta di registro entro i limiti di 50 mila euro, credito d'imposta commisurata all'indennità stessa fino alla concorrenza di 500 €).

Capita spessissimo che quando due o più parti siano in lite su un qualcosa, da sole non riescano a riappacificarsi o a trovare un punto di accordo. Ognuna rimane sulla sua posizione; c'è chi rifiuta il cercare l'altro spesso solo per questione di orgoglio o puntiglio, quasi che il fare un passo in avanti sia segno di arrendevolezza o di debolezza.

Ed allora ecco un terzo neutrale, che fa da "ponte" tra i litiganti, che li accompagna in un percorso che consenta loro di smussare gli angoli, togliendo la coltre che si era formata per poi portare alla luce quelli che sono i reali interessi e finalmente porre fine ad una discussione che alle parti sembrava senza sbocco e che pensavano che solo un giudice avrebbe potuto sentenziare che avevano ragione.

Ed invece, in mediazione, le parti diventano in un qualche modo *"giudici di loro stesse"*, ossia non soccombono ad un giudizio imposto ma valutano ed analizzano – con la sapiente e pacata guida del Mediatore – il tutto fino ad arrivare ad una svolta che le lasci soddisfatte. E' vero che delle volte capita che qualcuno ottenga meno di quello che pensava o qualcosa di diverso da quello che avrebbe voluto; ma poi la ragionevolezza "indotta" dal terzo neutrale che li ha accompagnati nel percorso fa capire loro che era meglio l'obiettivo che insieme avevano raggiunto piuttosto che lasciare il classico "pallino" in mano ad un magistrato.

Chi ha avuto modo di frequentare un'aula di giustizia sa bene oltretutto come durante le udienze in realtà regni spesso il caos totale e come di solito siano gli avvocati a gestire il tutto e che quando la parte viene chiamata dal giudice per essere ascoltata, vuoi per l'agitazione del momento, vuoi per la complessità o delicatezza della questione, non riesca quasi mai a dire quello che vorrebbe dire o come lo vorrebbe dire.

Quando si parla di condomini, la mente non deve correre esclusivamente a questioni di millesimi, ripartizioni, spese straordinarie o ordinarie, perché i palazzi sono isole a sé stanti, dove scoppiano furibonde liti anche per quelle che agli occhi di un estraneo potrebbero sembrare sciocchezze. Ad esempio, il ticchettio delle zampette di un cagnolino del piano di sopra viene udito con simpatia da chi ci viene a trovare; ma chi quel ticchettio lo sente continuamente lo vive come un incubo con il rischio di ingigantirlo se non si trova il modo per far sì che venga, se non eliminato, almeno attutito o ridotto.

Delle volte basta anche suggerire di far mettere sul pavimento dei tappeti o di evitare che in determinate ore del giorno il fedele amico dell'uomo entri nella stanza sopra quella di chi lamenta il disturbo (cosa particolarmente importante quando si tratti di persone molto in là con gli anni, e quindi solitamente più insofferenti), o di chi è malato e si trova costretto a dover stare in un letto o su una poltrona e che sente necessità della massima tranquillità.

La mediazione è estremamente utile e conveniente, ed è particolarmente adatta in caso di controversie condominiali perché i residenti possono avere rapporti continuativi l'un l'altro in ascensore, cortili, cantine, garages, giardinetti e altri spazi comuni e lo stare "gomito a gomito" potrebbe acuire attriti anche su sciocchezze e a non far decantare un qualche diverbio. Fornendo la possibilità di parlare, di confrontarsi, in un ambiente estraneo al condomino stesso e soprattutto sereno, come può essere la sede di un Organismo, la mediazione può ridurre senz'altro le ostilità. Un altro elemento si deve considerare: se si decide di portare il proprio caso in un Tribunale vi saranno non solo spese, controaccuse, azioni legali e grandi quantità di tempo da sprecare e inoltre, altro elemento da considerare, il tutto potrebbe diventare di dominio pubblico oltre a creare malumori tra i proprietari o anche i soli affittuari. Il che potrebbe influire negativamente sul valore degli appartamenti dell'edificio, in quanto la cattiva pubblicità potrebbe spaventare i potenziali acquirenti e finanziatori.

La mediazione, invece, è riservata e tutto ciò che viene detto non può essere utilizzato in un qualsiasi procedimento successivo; non è vincolante, in quanto ognuna delle parti può interrompere il processo in qualsiasi momento. Nel caso si raggiunga la risoluzione, un accordo transattivo può essere scritto e firmato al tavolo, accordo che poi sarebbe vincolante per i sottoscriventi. Una parte può, ma non deve necessariamente, essere accompagnata da un avvocato. E cosa non da poco conto è che l'intera procedura permette ai partecipanti di decidere da soli come risolvere la controversia, piuttosto che lasciare la decisione ad un giudice.

La mediazione consente poi di creare soluzioni "creative" che un giudice non sarebbe in grado di raggiungere; è anche molto meno formale e intimidatoria e confusa rispetto ai sistemi giudiziari.

Non ci sono rigide regole di procedura e questa flessibilità consente alle persone coinvolte di trovare la strada migliore per un accordo.

Insomma, le controversie tra vicini di casa hanno tutto da guadagnare dalla mediazione.

Le domande, che ci si dovrebbe porre prima di rivolgersi al tribunale sono sempre le stesse: *"Vale la pena far causa o è meglio lasciar perdere?"*; *"Quanto tempo passerà prima che siano riconosciuto il mio diritto, anche se ho ragione?"*, *"Quanto dovrò spendere per l'avvocato e le spese processuali?"*, *"Mi rimborseranno le spese oppure no?"*.

Non si deve perdere di vista che tra il giudice e il mediatore c'è un'importante differenza: il primo decide in punta di legge, sulla base di norme e codici; il secondo indossa invece un po' i panni dello psicologo e il suo scopo è essenzialmente quello di trovare un compromesso tra le opposte ragioni che possa sbloccare la situazione.

Un Mediatore, tenterà quasi sempre di convincere entrambe le due parti a fare un passo indietro, magari sacrificando sull'altare di una soluzione raggiunta in poco tempo e con poca spesa alcune tra quelle che ritengono loro sacrosante ragioni. Qui sta sostanzialmente il punto di forza della mediazione. Se ha esito positivo, è un bel risparmio, sia per lo Stato sia per il cittadino perché si spende meno e si attenderà un massimo di quattro mesi per giungere a una soluzione. Poi perché troppo spesso le leggi, applicate rigidamente, creano evidenti ingiustizie.

Un Mediatore deve quindi cercare di rimettere in comunicazione le parti in lite, scavando son abilità per far emergere i reali interessi dei contendenti: Quella condominiale è una materia complessa, ma non deve essere affrontata dal Mediatore con timore di perdersi nel dedalo dei "millesimi", "ripartizioni", "cavilli" e altro. Va da sé che approfondire la propria cultura personale avendo maggiore dimestichezza con determinate questioni – quali quelle legate ad un condominio – potrebbe meglio consentirgli di focalizzare il motivo che ha scatenato la divergenza e farsi una idea se un qualcosa è realmente ottenibile o meno (per fare un esempio molto semplice: se un condomino volesse adibire la sua cantina a "sala prove" arrecando non solo disturbo acustico a chi si trova nei piani bassi ma anche violando quanto prevede il regolamento condominiale) e aiutare le parti in un percorso per trovare una valida e fattibile soluzione che le soddisfi entrambi. Ecco perché in questo capitolo sulle *"Liti condominiali e la Mediazione Civile"* mi soffermerò con dovizia di particolari anche sul Disegno di Legge del 20 novembre 2012 inerente le *"Modifiche alla disciplina del condominio negli edifici"*.

I motivi di lite tra condomini

Problemi di rumore e non solo

Il rumore è il problema sociale numero uno nei condomini ed è spesso dovuto al fatto della vicinanza degli ambienti in cui le persone vivono. Buona norma sarebbe che nulla interferisca con il godimento dei residenti della loro abitazione ed eventuali rumori dovrebbero essere eliminati. L'elenco delle fonti di fastidi acustici è lungo: rumore dagli elementi comuni (pompe, frigoriferi, ascensori, sale per feste e riunioni); porte che vengono sbattute; urla (spesso di bambini, ma anche di coppie litigiose); il volume alto del televisore; musica ascoltata a decibel elevati; battiti per terra nel cuore della notte (ad esempio spostamento di sedie o altro); tic e tac di tacchi sul pavimento.

Altri lamentano conversazioni ad alta voce al telefono cellulare sui balconi o sul cortile in ogni momento del giorno e anche della notte; altri per il frastuono e vociare derivato da feste o da raduni di amici per assistere a qualche evento sportivo in tv che si protrae a lungo fino a notte fonda.

Anche l'amore per la musica può non essere condiviso da vicini di casa. Sentire per ore lo strimpellare, anche se virtuosamente, di un pianoforte, un violino o di altri strumenti può scatenare vibranti proteste. D'altronde è un piacere che non si deve obbligare i propri vicini a condividerlo e in fondo basterebbe insonorizzare la stanza con una parete rivestita di sughero o di altro materiale fono assorbente.

E poi ci sono gli animali domestici, in primis i cani che abbaiano in qualsiasi momento e che avrebbero necessità di essere addestrati o quanto meno non abbandonati in totale solitudine a loro stessi come troppe volte avviene.

Tra i rumori molesti, quelli dovuti a lavori di ristrutturazione di appartamenti e quelli di foratura, martellamento e uso di una sega e trapano da parte di chi pratica un hobby talora in fasce orarie in cui non si potrebbero svolgere tali attività.

I nervi spesso saltano anche quando si odono bambini gridare o giocare facendo frastuono o nella loro abitazione, o per le scale o nel cortile.

Altra questione è quella relativa alla brutta abitudine di alcuni residenti a gettare mozziconi di sigaretta, pezzi di cibo, cartacce e altri oggetti al largo dai loro balconi o dalle finestre. Immondizie che poi finiscono sui balconi sottostanti o sulle tende da sole o anche sulle aree comuni sottostanti e che possono comunque rappresentare un pericolo per la sicurezza per le persone che si vedono piovere addosso queste cose. Oltretutto un mozzicone ancora acceso o non del tutto spento può provocare incendi e bruciature.

Ad alimentare i problemi non di rado è anche la non conoscenza delle Regole condominiali o il non aver mai fatto sì che si rispettasse il regolamento in essere, così che diventa motivo di discussione ciò che invece in teoria era stato sancito. Tra gli esempi: liti sui posti macchina, utilizzo improprio delle cantine o delle altri parti comuni.

La validità della Mediazione è stata riconosciuta anche dall'A.IM.A. (Amministratori Immobiliari Associati), che ne ha fatto oggetto del convegno "Condominio e Mediazione, che si è svolto il 7 maggio 2012 è che aveva come intento proprio quello di discutere tra gli operatori del settore della mediazione, della sua applicazione al Condominio, delle implicazioni per gli Amministratori ed i Condomini. Nel corso dei lavori era stato analizzato il d.lgs. 4 marzo 2010 n. 28, con il quale era stata recepita la Direttiva 2008/532/CE, e che, come ho ricordato poc'anzi, ha introdotto nel nostro ordinamento l'istituto della mediazione civile e commerciale quale nuovo strumento di risoluzione alternativa delle controversie.

Nella relazione conclusiva della convention si legge: *"Meglio un cattivo accordo che una buona sentenza, ritenevano i nostri avi. Tutti consigliano di perseguire sempre la conciliazione piuttosto che perseguire una faticosa e dannosa lotta giudiziaria per aver ragione dell'avversario.*
Il consiglio vale ancora di più oggi in un contesto di paralisi del sistema giudiziario, dove per avere giustizia si deve attendere per un numero imprevedibile di anni una

sentenza che arriva quasi sempre fuori tempo massimo per tutelare i nostri diritti. Tuttavia percorrere la strada della conciliazione solo per i ritardi della giustizia sarebbe riduttivo. In realtà vi sono motivazioni più profonde che ci devono indurre a rivolgerci ad un Organismo di mediazione e conciliare la lite. Sono ragioni politiche, sociali ed economiche ed attengono alla sfera dei rapporti con l'altro. Questi rapporti oggi più di ieri sono sollecitati e messi in discussione, diventano fonte di conflitto in una società ad elevato livello di complessità, in un contesto globalizzato caratterizzato da diversità culturali ed economiche con contraddizioni crescenti a cui si aggiunge la difficoltà a comunicare in modo efficace e costruttivo. La famiglia, il condominio, il luogo di lavoro, la strada, le relazioni con gli altri sono occasione di incomprensione e conflitto.

Quando, dopo tanta lotta nelle aule dei Tribunali, riusciamo ad ottenere un provvedimento lo stesso in molti casi non riesce a soddisfare le nostre aspettative e i nostri interessi, perché si rivela poco utile:

    ⚔ *alla conservazione dei rapporti tra le parti e ciò, in alcune situazioni, è estremamente dannoso (rapporti cliente/fornitore, rapporti familiari, rapporti condominiali);*

    ⚔ *perché il giudicato viene calato dall'alto e spesso non è pienamente condiviso nemmeno dalla parte vittoriosa (il giudicato accoglie solo parzialmente le nostre richieste; il dispositivo si fonda solo su motivazioni formali);*

    ⚔ *perché interviene dopo tanto tempo, quando le situazioni soggettive ed oggettive sono mutate;*

perché si vince una battaglia ma si perde la guerra o si vince a caro prezzo.

Durante la mediazione, invece, alla presenza di un terzo neutrale che favorisce la circolazione del flusso comunicativo, le parti hanno la possibilità di superare l'occasionale motivo del contendere, di capire le ragioni dell'altro e di giungere, attraverso il reciproco riconoscimento, alla formazione di accordi vantaggiosi per tutte le parti.

Con la mediazione il conflitto non viene compresso o rifiutato (la conciliazione non si fonda sul buonismo), ma riconosciuto e assecondato, per poterne contenere gli aspetti distruttivi e valorizzare quelli positivi. Il mediatore aiuta a ristabilire la comunicazione tra le parti per elaborare insieme emozioni e sentimenti che, radicalizzandosi, hanno dato luogo a contrapposizioni e rigidità. La funzione positiva dell'istituto della mediazione esplica i suoi effetti positivi per le **dispute che nascono all'interno di un condominio,** dove i sentimenti di stima e di buon vicinato si trasformano in risentimento e odio.

Il rivolgersi ad un Organismo di mediazione, specialmente se avviene di comune accordo, può essere l'occasione per un confronto franco e costruttivo che elimina la causa dello scontro.

Il contenzioso giudiziario e una difesa che mira solo alla sconfitta dell'altro mal si conciliano con la necessità di non guastare l'habitat dove le parti vivono, di non esasperare un rapporto già in crisi. In questi casi la vittoria giudiziaria può essere un'amara consolazione e rendere difficile i rapporti quotidiani tra persone che sono condannate a cooperare nel ristretto spazio condominiale e rendono difficile la conduzione di tutto il condominio.

In questi casi non solo conviene ma è necessario rivolgersi alla Mediazione per riattivare un sano circolare processo di comunicazione.

Durante la mediazione, invece, alla presenza di un terzo neutrale che favorisce la circolazione del flusso comunicativo, le parti hanno la possibilità di superare l'occasionale motivo del contendere, di capire le ragioni dell'altro e di giungere, attraverso il reciproco riconoscimento, alla formazione di accordi vantaggiosi per tutte le parti.

*Con la mediazione il conflitto non viene compresso o rifiutato (la conciliazione non si fonda sul buonismo), ma riconosciuto e assecondato, per poterne contenere gli aspetti distruttivi e valorizzare quelli positivi. Il mediatore aiuta a ristabilire la comunicazione tra le parti per elaborare insieme emozioni e sentimenti che, radicalizzandosi, hanno dato luogo a contrapposizioni e rigidità. La funzione positiva dell'istituto della mediazione esplica i suoi effetti positivi per le **dispute che nascono all'interno di un condominio**, dove i sentimenti di stima e di buon vicinato si trasformano in risentimento e odio*

Il rivolgersi ad un Organismo di mediazione, specialmente se avviene di comune accordo, può essere l'occasione per un confronto franco e costruttivo che elimina la causa dello scontro.

Il contenzioso giudiziario e una difesa che mira solo alla sconfitta dell'altro mal si conciliano con la necessità di non guastare l'habitat dove le parti vivono, di non

esasperare un rapporto già in crisi. In questi casi la vittoria giudiziaria può essere un'amara consolazione e rendere difficile i rapporti quotidiani tra persone che sono condannate a cooperare nel ristretto spazio condominiale e rendono difficile la conduzione di tutto il condominio.

In questi casi non solo conviene ma è necessario rivolgersi alla Mediazione per riattivare un sano circolare processo di comunicazione". (fonte, convegno Aima, Amministratori immobiliari associati)

Il nuovo condominio
Dopo 70 anni una riforma epocale

Era attesa da oltre 70 anni e fino a quel momento si può dire, non senza una vena si sarcasmo, che nel Bel Paese si viveva come ai tempi della Seconda Guerra Mondiale. Già, perché l'ultima legge sui regolamenti condominiali risale al 1942 e i rapporti, le decisioni, e soprattutto le liti tra i condomini, venivano governate con regole scritte durante il fascismo. Per cambiarla quella legge, appunto, ci sono voluti 140 lustri esatti. Finalmente il 20 novembre del 2012 la svolta: in quella data la Commissione giustizia del Senato (in sede deliberante, cioè il testo non è dovuto passare in aula) ha approvato riforma della legislazione sul condominio – licenziata dalla Camera due mesi prima – che ha modificato molte norme e introdotto molte novità in questioni controverse e da tempo, come già accennato, causa di liti e cause legali. Una piccola rivoluzione che interessa un numero considerevole di italiani: secondo alcune stime, circa la metà della popolazione nostrana abita in condominio. Le modifiche riguardano soprattutto una serie di articoli del codice civile, che modificano per lo più le norme circa la figura dell'amministratore (a cui si richiedono precisi requisiti e maggiori obblighi, oltre ad essere "licenziabile" in tempi più rapidi), la gestione economica e i quorum delle assemblee di condominio. Si tratta do un provvedimento destinato sul serio a cambiare la vita in comune di circa 30 milioni di italiani, e anche di 55 mila amministratori di condominio.

Una trasformazione che dovrebbe ridurre i conflitti da "pianerottolo" considerato che il decreto ha inasprito le sanzioni per chi viola i regolamenti condominiali: il rischio per i trasgressori sarà quello di dover sborsare a ogni infrazione fino 200 euro. E se si sarà recidivi l'ammenda sarà ancora più salata si potrebbe essere multati addirittura di 800 euro (un milione e mezzo di volte in più rispetto a prima). Introdotte specifiche norme che disciplinano tutte le principali ragioni del contendere, dagli animali domestici alle spese condominiali, dall'uso delle parti comuni al riscaldamento centralizzato (sarà più facile staccarsi dalla rete). Infine, più snella e veloce la procedura per prendere decisioni grazie all'abbassamento del quorum dell'assemblea: potranno essere deliberate sulla base delle maggioranze prestabilite dalla riforma ora in base ai presenti in assemblea e non più ai millesimi di proprietà. E per immortalare i "furbetti" della porta accanto, sono ammessi scatti fotografici e video digitali allegati alle e-mail per comprovare violazioni al regolamento condominiale e ai propri diritti o presunti tali.

Tutte le novità della Riforma

Tante le novità introdotte: dal divieto di negare l'ingresso di cani e gatti nei condomini, alle nuove regole che riguardano l'amministratore, a quelle sull'impianto di riscaldamento autonomo. Si riassumono le novità, di cui alcune già accennato precedentemente.

(NB – In fondo a questo Capitolo sulle Liti condominiali il testo integrale del Ddl del 20 novembre 2012)

Amministratori dalla fedina penale intonsa

Delusi coloro che premevano perché fosse istituito un Albo o un Registro "ad hoc" per gli Amministratori così da garantirne la professionalità. Secondo quanto previsto dall'articolo 25 del Decreto del 20 novembre 2012 l'amministratore di condominio dovrà essere in possesso almeno un diploma di maturità, *"requisiti di formazione e onorabilità"*, non dovrà essere stato condannato per delitti contro la Pubblica Amministrazione. Necessario anche l'avere frequentato uno specifico corso di formazione e, nel caso ciò sia richiesto dall'assemblea, essere in possesso di una speciale polizza assicurativa a tutela dai rischi derivanti dal proprio operato. Uniche deroghe: se l'amministratore di condominio ha svolto questa funzione per almeno un anno nell'ultimo triennio potrà fare a meno del diploma e del corso di formazione iniziale. Inoltre, se si tratta di uno dei condòmini non è necessaria né la Rc né la formazione periodica. L'amministratore verrà rinnovato automaticamente ogni anno, salvo che l'assemblea decida di dimissionarlo. L'amministratore potrà essere licenziato prima della fine del mandato qualora abbia commesso gravi irregolarità fiscali o non abbia aperto o utilizzato il *conto corrente condominiale* (altra novità introdotta). Quanto ai compensi, il corrispettivo per le sue prestazioni, il quantum dovrà essere indicato al momento della nomina.

Condomini morosi

Vita dura per i morosi. In caso di condomini indietro con i pagamenti, talora anche da tempo immemorabile, l'amministratore potrà procedere con una ingiunzione senza chiedere una preventiva autorizzazione dell'assemblea e potrà comunicare ai creditori i dati di chi non paga. Se la mora dura più di 6 mesi dovrà sospendere il condomino debitore dalla fruizione dei servizi comuni.

Riscaldamento autonomo, meno vincoli

Affrontato anche lo spinoso problema dell'impianto di riscaldamento centralizzato:
non è più necessario il benestare dell'intera assemblea e comunque ci si potrà staccare solo in caso di oggettivi problemi tecnici dell'impianto comune, che non siano stati risolti dal condominio nell'arco di un'intera stagione di riscaldamento. Il distacco non è comunque consentito se può causare squilibri tali da compromettere la normale erogazione di calore agli altri condomini o aggravi di spesa.

Videosorveglianza e lastrico solare

Meno vincoli anche se si decide di installare impianti di videosorveglianza nelle parti comuni dell'edificio. Il quorum per ottenere il disco verde dall'assemblea è stato abbassato (dovrà essere pari alla maggioranza degli intervenuti in assemblea, che rappresentino almeno la metà dei millesimi). Stesso discorso per deliberare l'installazione di impianti per la produzione di energia eolica, solare o comunque rinnovabile, anche da parte di terzi che conseguano a titolo oneroso un diritto reale o personale di godimento del lastrico solare o di altra idonea superficie comune. Gli impianti individuali sono leciti, salvo la salvaguardia del "*decoro architettonico*".

Sito Internet del condominio

Stessa maggioranza di cui sopra (ossia degli intervenuti in assemblea, che rappresentino almeno la metà dei millesimi) anche per deliberare l'attivazione, a cura dell'amministratore, di un sito internet del condominio (da aggiornare ogni 30 giorni, salvo diversa previsione dell'assemblea), ad accesso individuale protetto da una password, per consultare in formato digitale e stampare se lo desiderano i rendiconti mensili e gli altri documenti dell'assemblea. Le spese per l'attivazione e la gestione del sito internet sono poste a carico dei condomini.

Parti comuni

Viene ridefinito il concetto di parti comuni, che include ora le facciate, i parcheggi, i sottotetti, gli impianti di condizionamento, quelli per la ricezione tv, via radio o via cavo. Sarà possibile modificare la destinazione d'uso delle parti comuni, con l'80% dei condòmini e dei millesimi. Potranno impugnare le delibere assembleari, per annullarle, anche i condomini che si sono astenuti. Mediazione obbligatoria in caso di controversie. (*Art. 24 del Decreto con rif. all'Art.71-quater*).

Animali domestici, vietato vietare

Tra le novità principali c'è anche il "divieto di divieto" per chi possiede o vuole portare in casa cani e gatti. I condomini in cui è inibito l'accesso agli animali domestici sono da oggi fuorilegge. Ma su questo mi soffermo più avanti.

Sanzioni per chi non rispetta il regolamento

Maggiori le sanzioni per chi disturba i vicini di casa. In generale, chi viola il regolamento condominiale può ricevere una sanzione sostanziosa rispetto al passato: se fino a ieri l'importo da pagare era di 0,052 euro (100 lire!) oggi si parte da 200 euro. In caso di recidiva la cifra può arrivare a 800 euro (*un milione e mezzo di volte in più rispetto a prima*). Le nuove regole valgono, inoltre, non solo per gli schiamazzi notturni o in orario di riposo pomeridiano, ma anche per chi innaffia i fiori e fa cadere l'acqua sui balconi altrui o per chi, per esempio, batte i tappeti fuori dalla finestra.

Scale e ascensori

Le scale e gli ascensori sono mantenuti e sostituiti dai proprietari serviti dagli stessi, e la spesa relativa è ripartita tra i condomini, per metà in ragione del valore delle singole unità immobiliari e per l'altra metà esclusivamente in misura proporzionale all'altezza di ciascun piano dal suolo.

Barriere architettoniche

Per quanto riguarda le barriere architettoniche, per eliminarle basterà che in assemblea siano presenti i condomini che rappresentano un terzo dei millesimi complessivi.

Applicabilità delle norme

Le nuove norme condominiali si applicano a tutti gli effetti anche ai complessi immobiliari composti da unità unifamiliari (condominio "orizzontale") e ai supercondomini.

Modifiche illecite alle destinazioni di uso

Nuovi poteri nelle mani degli inquilini, visto che anche il singolo condomino può diffidare l'esecutore della condotta e chiedere la convocazione di un'assemblea, che riunisca tutti i singoli condomini. Per decidere il cambio di destinazione d'uso basterà il sì dei quattro quinti dei condomini.

Assemblee, questione di... quorum

Non potranno essere indette nei giorni di festa religiosa. Sono state introdotte alcune modifiche nel meccanismo di delega, per esempio con il divieto di delega all'amministratore e limiti a quante persone un delegato può rappresentare (massimo un quinto se ci sono più di venti condòmini). Per il resto le nuove norme modificano poco quelle esistenti su come è organizzata, come funziona e quali poteri ha l'assemblea dei condomini. Il cambiamento principale attiene al *quorum* delle assemblee di condominio, abbassandolo alla maggioranza semplice (dei partecipanti e del valore in millesimi) per tutta una serie di decisioni come ad esempio l'installazione di telecamere di sorveglianza, l'installazione di impianti a energia rinnovabile su superfici comuni o l'istituzione di un sito internet del condominio su cui sia disponibile e scaricabile la documentazione della sua gestione. Lo stesso *quorum* per la validità dell'assemblea è stato modificato: in prima convocazione sarà sufficiente la maggioranza dei membri (ma resta quello dei due terzi dei millesimi per quanto riguarda il valore rappresentato); in seconda convocazione ci vorrà un terzo dei partecipanti e un terzo del valore in millesimi non solo per poter prendere decisioni valide per tutti, ma anche per potersi aprire (mentre in precedenza era possibile tenere assemblee di condominio, in seconda convocazione, senza nessun *quorum*, purché non deliberassero).

Audit interno

È anche prevista la nomina – ma anche con le vecchie norme nulla vietava di farla – di un consiglio di condominio di tre persone, con funzioni consultive e di controllo.

* * *

Se il vicino si chiama… Fido o Fuffi

Chi non ama gli animali metta giù le armi e si arrenda. Inutile opporsi alla loro presenza nel palazzo chiedendone l'allontanamento o impedendo, Regolamento alla mano, che le famiglie possano ospitarli e condividerne l'alloggio. Uno dei 31 testi della riforma degli statuti condominiali, norma approvata dalla commissione Giustizia del Senato, recita: *"Le norme del regolamento non possono vietare di possedere o detenere animali domestici"*. Più chiaro di così…. Con l'integrazione all'articolo 1138 del codice civile, la Legge sancisce definitivamente il benestare alla presenza di cani, gatti & c. negli appartamenti degli italiani cosa che prima non era espressamente sancita e destinata a ridurre le liti scatenate dalla presenza di animali: ad oggi in Italia sono circa 37.000. Una vera e propria "battaglia giuridica" fatta arrivare in Parlamento nel 2008 dalla Lav, la Lega Anti Vivisezione, e conclusasi positivamente con

l'approvazione della riforma. Una riforma che rappresenta una vittoria per tutte quelle famiglie che vivono con quasi 20 milioni di animali da compagnia. Il presidente della Lav, Gianluca Felicetti, non poteva non esultare per questo successo sottolineando come l'Italia si sia adeguata ai principi contenuti nel Trattato Europeo che definisce gli animali esseri senzienti e al Codice penale che ne punisce il maltrattamento. *"E' riconosciuto così un altro pezzo del diritto alla cittadinanza ai quattro zampe.* – ha commentato – *Si mette fine a una discriminazione contro chi vive con animali domestici, una battaglia che, per il diritto di proprietà sulle case, aveva già visto schierarsi la Giurisprudenza, ma che vedeva ancora ben organizzata un vera e proprio <animalofobia da condominio>"*. A farsi paladine, in pieno spirito "bipartisan", la deputata del Pdl Gabriella Giammanco e la senatrice del Pd Silvana Amati; grazie anche ad esse, pertanto, la presenza degli animali da compagnia è ora consentita anche negli spazi comuni, nel rispetto però della libertà degli altri condòmini. Ciò non toglie che se il vicino dovesse lamentarsi per il cane che abbaia o per i "bisognini" non raccolti dal proprietario nel giardino condominiale egli potrà comunque far valere le proprie ragioni prima cercando un accordo innanzi ad un Mediatore Civile Professionista e solo in un secondo momento eventualmente in un Tribunale cosa, quest'ultima, che costerebbe molto, con tempi lunghi e magari la "soddisfazione" arriverà quando ormai la "creatura responsabile" sarà ormai volata ad altra vita e quindi il problema non esisteva più.
La Riforma varata di recente viene applicata automaticamente solo ai nuovi condomini: per quelli in cui

invece nel regolamento viene espressamente fatto veto di detenzione di animali domestici, le regole rimarranno le stesse fin qui applicate, con la possibilità però di modificarle attraverso l'approvazione della richiesta da parte dell'assemblea condominiale.

La Mediazione nelle liti condominiali

L'Art. 25 del Ddl del 20 novembre introduce l'Art. 71-*quater* dove si mette nero su bianco che:

«*Per controversie in materia di condominio, ai sensi dell'articolo 5, comma 1, del decreto legislativo 4 marzo 2010, n. 28, si intendono quelle derivanti dalla violazione o dall'errata applicazione delle disposizioni del libro III, titolo VII, capo II, del codice e degli articoli da 61 a 72 delle presenti disposizioni per l'attuazione del codice.*

La domanda di mediazione deve essere presentata, a pena di inammissibilità, presso un organismo di mediazione ubicato nella circoscrizione del tribunale nella quale il condominio è situato.

Al procedimento è legittimato a partecipare l'amministratore, previa delibera assembleare da assumere con la maggioranza di cui all'articolo 1136, secondo comma, del codice.

Se i termini di comparizione davanti al mediatore non consentono di assumere la delibera di cui al terzo comma, il mediatore dispone, su istanza del condominio, idonea proroga della prima comparizione.

La proposta di mediazione deve essere approvata dall'assemblea con la maggioranza di cui all'articolo 1136, secondo comma, del codice. Se non si raggiunge la predetta maggioranza, la proposta si deve intendere non accettata.

Il mediatore fissa il termine per la proposta di conciliazione di cui all'articolo 11 del decreto legislativo 4 marzo 2010, n. 28, tenendo conto della necessità per l'amministratore di munirsi della delibera assembleare».

Questo offre notevoli spunti di riflessione e rappresenta senz'altro una sorta di linea guida utile all'amministratore per una corretta esecuzione della normativa in tema di mediazione civile e commerciale. Non ultimo viene specificato il concetto di *"controversia in maniera di condominio"* ai fini dell' art. 5, comma 1 del D.lgs. 28/2010 chiarendo una volta per tutte – se mai ce ne fosse stato bisogno, che *"La domanda di mediazione deve essere presentata, a pena di inammissibilità, presso un organismo di mediazione ubicato nella circoscrizione del tribunale nella quale il condominio è situato"*

Il comma successivo, individua la maggioranza necessaria affinché l'amministratore possa partecipare legittimamente alla mediazione individuando tale *quorum* in *"la maggioranza di cui all'articolo 1136, secondo comma, del codice.*

Da sottolineare l'importanza del comma successivo che fa chiarezza su un aspetto che più volte evidenziato dai Mediatori Professionisti e cioè i ristretti tempi della mediazione (15 giorni per la prima comparizione dinanzi al mediatore) con i tempi della convocazione della assemblea di condominio in prima e seconda convocazione (almeno 5 giorni liberi) prevedendo che: *"Se i termini di comparizione davanti al mediatore non consentono di assumere la delibera di cui al terzo comma, il mediatore dispone, su istanza del condominio, idonea proroga della prima comparizione"*. Infine si parla della maggioranza necessaria al fine dell'approvazione della proposta del mediatore specificando che il *quorum* è quello *"di cui all'articolo 1136, secondo comma, del codice"*, e viene precisato che *"Se non si raggiunge la predetta maggioranza, la proposta si deve intendere non accettata"* così che anche questo su questo punto sono stati fugati tutti i dubbi.

Testo integrale del Disegno di Legge del 20 novembre 2012

Modifiche alla disciplina del condominio negli edifici
*(Disegno di legge definitivamente approvato
il 20 novembre 2012)*

Art. 1.

1. L'articolo 1117 del codice civile è sostituito dal seguente:

«Art. 1117. -- *(Parti comuni dell'edificio)*. -- Sono oggetto di proprietà comune dei proprietari delle singole unità immobiliari dell'edificio, anche se aventi diritto a godimento periodico e se non risulta il contrario dal titolo:

1) tutte le parti dell'edificio necessarie all'uso comune, come il suolo su cui sorge l'edificio, le fondazioni, i muri maestri, i pilastri e le travi portanti, i tetti e i lastrici solari, le scale, i portoni di ingresso, i vestiboli, gli anditi, i portici, i cortili e le facciate;

2) le aree destinate a parcheggio nonché i locali per i servizi in comune, come la portineria, incluso l'alloggio del portiere, la lavanderia, gli stenditoi e i sottotetti destinati, per le caratteristiche strutturali e funzionali, all'uso comune;

3) le opere, le installazioni, i manufatti di qualunque genere destinati all'uso comune, come gli ascensori, i pozzi, le cisterne, gli impianti idrici e fognari, i sistemi centralizzati di distribuzione e di trasmissione per il gas, per l'energia elettrica, per il riscaldamento ed il condizionamento dell'aria, per la ricezione radiotelevisiva

e per l'accesso a qualunque altro genere di flusso informativo, anche da satellite o via cavo, e i relativi collegamenti fino al punto di diramazione ai locali di proprietà individuale dei singoli condomini, ovvero, in caso di impianti unitari, fino al punto di utenza, salvo quanto disposto dalle normative di settore in materia di reti pubbliche».

Art. 2.

1. Dopo l'articolo 1117 del codice civile sono inseriti i seguenti:

«Art. 1117-*bis*. -- *(Ambito di applicabilità)*. -- Le disposizioni del presente capo si applicano, in quanto compatibili, in tutti i casi in cui più unità immobiliari o più edifici ovvero più condominii di unità immobiliari o di edifici abbiano parti comuni ai sensi dell'articolo 1117.

Art. 1117-*ter*. -- *(Modificazioni delle destinazioni d'uso)*. -- Per soddisfare esigenze di interesse condominiale, l'assemblea, con un numero di voti che rappresenti i quattro quinti dei partecipanti al condominio e i quattro quinti del valore dell'edificio, può modificare la destinazione d'uso delle parti comuni.

La convocazione dell'assemblea deve essere affissa per non meno di trenta giorni consecutivi nei locali di maggior uso comune o negli spazi a tal fine destinati e deve effettuarsi mediante lettera raccomandata o equipollenti mezzi telematici, in modo da pervenire almeno venti giorni prima della data di convocazione.

La convocazione dell'assemblea, a pena di nullità, deve indicare le parti comuni oggetto della modificazione e la nuova destinazione d'uso.

La deliberazione deve contenere la dichiarazione espressa che sono stati effettuati gli adempimenti di cui ai precedenti commi.

Sono vietate le modificazioni delle destinazioni d'uso che possono recare pregiudizio alla stabilità o alla sicurezza del fabbricato o che ne alterano il decoro architettonico.

Art. 1117-*quater*. -- *(Tutela delle destinazioni d'uso)*. -- In caso di attività che incidono negativamente e in modo sostanziale sulle destinazioni d'uso delle parti comuni, l'amministratore o i condomini, anche singolarmente, possono diffidare l'esecutore e possono chiedere la convocazione dell'assemblea per far cessare la violazione, anche mediante azioni giudiziarie. L'assemblea delibera in merito alla cessazione di tali attività con la maggioranza prevista dal secondo comma dell'articolo 1136».

Art. 3.

1. L'articolo 1118 del codice civile è sostituito dal seguente:

«Art. 1118. -- *(Diritti dei partecipanti sulle parti comuni)*. -- Il diritto di ciascun condomino sulle parti comuni, salvo che il titolo non disponga altrimenti, è proporzionale al valore dell'unità immobiliare che gli appartiene.

Il condomino non può rinunziare al suo diritto sulle parti comuni.

Il condomino non può sottrarsi all'obbligo di contribuire alle spese per la conservazione delle parti comuni, neanche modificando la destinazione d'uso della propria unità immobiliare, salvo quanto disposto da leggi speciali.

Il condomino può rinunciare all'utilizzo dell'impianto centralizzato di riscaldamento o di condizionamento, se dal suo distacco non derivano notevoli squilibri di funzionamento o aggravi di spesa per gli altri condomini. In tal caso il rinunziante resta tenuto a concorrere al pagamento delle sole spese per la manutenzione straordinaria dell'impianto e per la sua conservazione e messa a norma».

Art. 4.

1. Al primo comma dell'articolo 1119 del codice civile sono aggiunte, in fine, le seguenti parole: «e con il consenso di tutti i partecipanti al condominio».

Art. 5.

1. Dopo il primo comma dell'articolo 1120 del codice civile sono inseriti i seguenti:

«I condomini, con la maggioranza indicata dal secondo comma dell'articolo 1136, possono disporre le innovazioni che, nel rispetto della normativa di settore, hanno ad oggetto:

1) le opere e gli interventi volti a migliorare la sicurezza e la salubrità degli edifici e degli impianti;

2) le opere e gli interventi previsti per eliminare le barriere architettoniche, per il contenimento del consumo energetico degli edifici e per realizzare parcheggi destinati a servizio delle unità immobiliari o dell'edificio, nonché per la produzione di energia mediante l'utilizzo di impianti di cogenerazione, fonti eoliche, solari o comunque rinnovabili da parte del condominio o di terzi che conseguano a titolo oneroso un diritto reale o personale di godimento del lastrico solare o di altra idonea superficie comune;

3) l'installazione di impianti centralizzati per la ricezione radiotelevisiva e per l'accesso a qualunque altro genere di flusso informativo, anche da satellite o via cavo, e i relativi collegamenti fino alla diramazione per le singole utenze, ad esclusione degli impianti che non comportano modifiche in grado di alterare la destinazione della cosa comune e di impedire agli altri condomini di farne uso secondo il loro diritto.

L'amministratore è tenuto a convocare l'assemblea entro trenta giorni dalla richiesta anche di un solo condomino interessato all'adozione delle deliberazioni di cui al precedente comma. La richiesta deve contenere l'indicazione del contenuto specifico e delle modalità di esecuzione degli interventi proposti. In mancanza, l'amministratore deve invitare senza indugio il condomino proponente a fornire le necessarie integrazioni».

Art. 6.
1. L'articolo 1122 del codice civile è sostituito dal seguente:
«Art. 1122. -- (*Opere su parti di proprietà o uso individuale*). -- Nell'unità immobiliare di sua proprietà ovvero nelle parti normalmente destinate all'uso comune, che siano state attribuite in proprietà esclusiva o destinate all'uso individuale, il condomino non può eseguire opere che rechino danno alle parti comuni ovvero determinino pregiudizio alla stabilità, alla sicurezza o al decoro architettonico dell'edificio.
In ogni caso è data preventiva notizia all'amministratore che ne riferisce all'assemblea».

Art. 7.

1. Dopo l'articolo 1122 del codice civile sono inseriti i seguenti:

«Art. 1122-*bis*. -- *(Impianti non centralizzati di ricezione radiotelevisiva e di produzione di energia da fonti rinnovabili)*. -- Le installazioni di impianti non centralizzati per la ricezione radiotelevisiva e per l'accesso a qualunque altro genere di flusso informativo, anche da satellite o via cavo, e i relativi collegamenti fino al punto di diramazione per le singole utenze sono realizzati in modo da recare il minor pregiudizio alle parti comuni e alle unità immobiliari di proprietà individuale, preservando in ogni caso il decoro architettonico dell'edificio, salvo quanto previsto in materia di reti pubbliche.

È consentita l'installazione di impianti per la produzione di energia da fonti rinnovabili destinati al servizio di singole unità del condominio sul lastrico solare, su ogni altra idonea superficie comune e sulle parti di proprietà individuale dell'interessato.

Qualora si rendano necessarie modificazioni delle parti comuni, l'interessato ne dà comunicazione all'amministratore indicando il contenuto specifico e le modalità di esecuzione degli interventi. L'assemblea può prescrivere, con la maggioranza di cui al quinto comma dell'articolo 1136, adeguate modalità alternative di esecuzione o imporre cautele a salvaguardia della stabilità, della sicurezza o del decoro architettonico dell'edificio e, ai fini dell'installazione degli impianti di cui al secondo comma, provvede, a richiesta degli interessati, a ripartire l'uso del lastrico solare e delle altre superfici comuni, salvaguardando le diverse forme di utilizzo previste dal regolamento di condominio o comunque in atto.

L'assemblea, con la medesima maggioranza, può altresì subordinare l'esecuzione alla prestazione, da parte dell'interessato, di idonea garanzia per i danni eventuali.
L'accesso alle unità immobiliari di proprietà individuale deve essere consentito ove necessario per la progettazione e per l'esecuzione delle opere. Non sono soggetti ad autorizzazione gli impianti destinati alle singole unità abitative.

Art. 1122-*ter*. -- *(Impianti di videosorveglianza sulle parti comuni)*. -- Le deliberazioni concernenti l'installazione sulle parti comuni dell'edificio di impianti volti a consentire la videosorveglianza su di esse sono approvate dall'assemblea con la maggioranza di cui al secondo comma dell'articolo 1136».

Art. 8.
1. All'articolo 1124 del codice civile sono apportate le seguenti modificazioni:
a) il primo comma è sostituito dal seguente:
«Le scale e gli ascensori sono mantenuti e sostituiti dai proprietari delle unità immobiliari a cui servono. La spesa relativa è ripartita tra essi, per metà in ragione del valore delle singole unità immobiliari e per l'altra metà esclusivamente in misura proporzionale all'altezza di ciascun piano dal suolo»;
b) la rubrica è sostituita dalla seguente: «Manutenzione e sostituzione delle scale e degli ascensori».

Art. 9.

1. L'articolo 1129 del codice civile è sostituito dal seguente:
«Art. 1129. -- *(Nomina, revoca ed obblighi dell'amministratore)*. -- Quando i condomini sono più di otto, se l'assemblea non vi provvede, la nomina di un amministratore è fatta dall'autorità giudiziaria su ricorso di uno o più condomini o dell'amministratore dimissionario.
Contestualmente all'accettazione della nomina e ad ogni rinnovo dell'incarico, l'amministratore comunica i propri dati anagrafici e professionali, il codice fiscale, o, se si tratta di società, anche la sede legale e la denominazione, il locale ove si trovano i registri di cui ai numeri 6) e 7) dell'articolo 1130, nonché i giorni e le ore in cui ogni interessato, previa richiesta all'amministratore, può prenderne gratuitamente visione e ottenere, previo rimborso della spesa, copia da lui firmata.
L'assemblea può subordinare la nomina dell'amministratore alla presentazione ai condomini di una polizza individuale di assicurazione per la responsabilità civile per gli atti compiuti nell'esercizio del mandato.
L'amministratore è tenuto altresì ad adeguare i massimali della polizza se nel periodo del suo incarico l'assemblea deliberi lavori straordinari. Tale adeguamento non deve essere inferiore all'importo di spesa deliberato e deve essere effettuato contestualmente all'inizio dei lavori. Nel caso in cui l'amministratore sia coperto da una polizza di assicurazione per la responsabilità civile professionale generale per l'intera attività da lui svolta, tale polizza deve essere integrata con una dichiarazione dell'impresa di

assicurazione che garantisca le condizioni previste dal periodo precedente per lo specifico condominio.

Sul luogo di accesso al condominio o di maggior uso comune, accessibile anche ai terzi, è affissa l'indicazione delle generalità, del domicilio e dei recapiti, anche telefonici, dell'amministratore.

In mancanza dell'amministratore, sul luogo di accesso al condominio o di maggior uso comune, accessibile anche ai terzi, è affissa l'indicazione delle generalità e dei recapiti, anche telefonici, della persona che svolge funzioni analoghe a quelle dell'amministratore.

L'amministratore è obbligato a far transitare le somme ricevute a qualunque titolo dai condomini o da terzi, nonché quelle a qualsiasi titolo erogate per conto del condominio, su uno specifico conto corrente, postale o bancario, intestato al condominio; ciascun condomino, per il tramite dell'amministratore, può chiedere di prendere visione ed estrarre copia, a proprie spese, della rendicontazione periodica.

Alla cessazione dell'incarico l'amministratore è tenuto alla consegna di tutta la documentazione in suo possesso afferente al condominio e ai singoli condomini e ad eseguire le attività urgenti al fine di evitare pregiudizi agli interessi comuni senza diritto ad ulteriori compensi.

Salvo che sia stato espressamente dispensato dall'assemblea, l'amministratore è tenuto ad agire per la riscossione forzosa delle somme dovute dagli obbligati entro sei mesi dalla chiusura dell'esercizio nel quale il credito esigibile è compreso, anche ai sensi dell'articolo 63, primo comma, delle disposizioni per l'attuazione del presente codice.

L'incarico di amministratore ha durata di un anno e si intende rinnovato per eguale durata. L'assemblea convocata per la revoca o le dimissioni delibera in ordine alla nomina del nuovo amministratore.

La revoca dell'amministratore può essere deliberata in ogni tempo dall'assemblea, con la maggioranza prevista per la sua nomina oppure con le modalità previste dal regolamento di condominio. Può altresì essere disposta dall'autorità giudiziaria, su ricorso di ciascun condomino, nel caso previsto dal quarto comma dell'articolo 1131, se non rende il conto della gestione, ovvero in caso di gravi irregolarità. Nei casi in cui siano emerse gravi irregolarità fiscali o di non ottemperanza a quanto disposto dal numero 3) del dodicesimo comma del presente articolo, i condomini, anche singolarmente, possono chiedere la convocazione dell'assemblea per far cessare la violazione e revocare il mandato all'amministratore. In caso di mancata revoca da parte dell'assemblea, ciascun condomino può rivolgersi all'autorità giudiziaria; in caso di accoglimento della domanda, il ricorrente, per le spese legali, ha titolo alla rivalsa nei confronti del condominio, che a sua volta può rivalersi nei confronti dell'amministratore revocato.

Costituiscono, tra le altre, gravi irregolarità:

1) l'omessa convocazione dell'assemblea per l'approvazione del rendiconto condominiale, il ripetuto rifiuto di convocare l'assemblea per la revoca e per la nomina del nuovo amministratore o negli altri casi previsti dalla legge;

2) la mancata esecuzione di provvedimenti giudiziari e amministrativi, nonché di deliberazioni dell'assemblea;

3) la mancata apertura ed utilizzazione del conto di cui al settimo comma;

4) la gestione secondo modalità che possono generare possibilità di confusione tra il patrimonio del condominio e il patrimonio personale dell'amministratore o di altri condomini;

5) l'aver acconsentito, per un credito insoddisfatto, alla cancellazione delle formalità eseguite nei registri immobiliari a tutela dei diritti del condominio;

6) qualora sia stata promossa azione giudiziaria per la riscossione delle somme dovute al condominio, l'aver omesso di curare diligentemente l'azione e la conseguente esecuzione coattiva;

7) l'inottemperanza agli obblighi di cui all'articolo 1130, numeri 6), 7) e 9);

8) l'omessa, incompleta o inesatta comunicazione dei dati di cui al secondo comma del presente articolo.

In caso di revoca da parte dell'autorità giudiziaria, l'assemblea non può nominare nuovamente l'amministratore revocato.

L'amministratore, all'atto dell'accettazione della nomina e del suo rinnovo, deve specificare analiticamente, a pena di nullità della nomina stessa, l'importo dovuto a titolo di compenso per l'attività svolta.

Per quanto non disciplinato dal presente articolo si applicano le disposizioni di cui alla sezione I del capo IX del titolo III del libro IV.

Il presente articolo si applica anche agli edifici di alloggi di edilizia popolare ed economica, realizzati o recuperati da enti pubblici a totale partecipazione pubblica o con il concorso dello Stato, delle regioni, delle province o dei comuni, nonché a quelli realizzati da enti pubblici non economici o società private senza scopo di lucro con finalità sociali proprie dell'edilizia residenziale pubblica».

Art. 10.

1. L'articolo 1130 del codice civile è sostituito dal seguente:

«Art. 1130. -- *(Attribuzioni dell'amministratore).* -- L'amministratore, oltre a quanto previsto dall'articolo 1129 e dalle vigenti disposizioni di legge, deve:

1) eseguire le deliberazioni dell'assemblea, convocarla annualmente per l'approvazione del rendiconto condominiale di cui all'articolo 1130-*bis* e curare l'osservanza del regolamento di condominio;

2) disciplinare l'uso delle cose comuni e la fruizione dei servizi nell'interesse comune, in modo che ne sia assicurato il miglior godimento a ciascuno dei condomini;

3) riscuotere i contributi ed erogare le spese occorrenti per la manutenzione ordinaria delle parti comuni dell'edificio e per l'esercizio dei servizi comuni;

4) compiere gli atti conservativi relativi alle parti comuni dell'edificio;

5) eseguire gli adempimenti fiscali;

6) curare la tenuta del registro di anagrafe condominiale contenente le generalità dei singoli proprietari e dei titolari di diritti reali e di diritti personali di godimento, comprensive del codice fiscale e della residenza o domicilio, i dati catastali di ciascuna unità immobiliare, nonché ogni dato relativo alle condizioni di sicurezza. Ogni variazione dei dati deve essere comunicata all'amministratore in forma scritta entro sessanta giorni. L'amministratore, in caso di inerzia, mancanza o

incompletezza delle comunicazioni, richiede con lettera raccomandata le informazioni necessarie alla tenuta del registro di anagrafe. Decorsi trenta giorni, in caso di omessa o incompleta risposta, l'amministratore acquisisce le informazioni necessarie, addebitandone il costo ai responsabili;

7) curare la tenuta del registro dei verbali delle assemblee, del registro di nomina e revoca dell'amministratore e del registro di contabilità. Nel registro dei verbali delle assemblee sono altresì annotate: le eventuali mancate costituzioni dell'assemblea, le deliberazioni nonché le brevi dichiarazioni rese dai condomini che ne hanno fatto richiesta; allo stesso registro è allegato il regolamento di condominio, ove adottato. Nel registro di nomina e revoca dell'amministratore sono annotate, in ordine cronologico, le date della nomina e della revoca di ciascun amministratore del condominio, nonché gli estremi del decreto in caso di provvedimento giudiziale. Nel registro di contabilità sono annotati in ordine cronologico, entro trenta giorni da quello dell'effettuazione, i singoli movimenti in entrata ed in uscita. Tale registro può tenersi anche con modalità informatizzate;

8) conservare tutta la documentazione inerente alla propria gestione riferibile sia al rapporto con i condomini sia allo stato tecnico-amministrativo dell'edificio e del condominio;

9) fornire al condomino che ne faccia richiesta attestazione relativa allo stato dei pagamenti degli oneri condominiali e delle eventuali liti in corso;

10) redigere il rendiconto condominiale annuale della gestione e convocare l'assemblea per la relativa approvazione entro centottanta giorni».

Art. 11.
1. Dopo l'articolo 1130 del codice civile è inserito il seguente:
«Art. 1130-*bis*. -- *(Rendiconto condominiale)*. -- Il rendiconto condominiale contiene le voci di entrata e di uscita ed ogni altro dato inerente alla situazione patrimoniale del condominio, ai fondi disponibili ed alle eventuali riserve, che devono essere espressi in modo da consentire l'immediata verifica. Si compone di un registro di contabilità, di un riepilogo finanziario, nonché di una nota sintetica esplicativa della gestione con l'indicazione anche dei rapporti in corso e delle questioni pendenti. L'assemblea condominiale può, in qualsiasi momento o per più annualità specificamente identificate, nominare un revisore che verifichi la contabilità del condominio. La deliberazione è assunta con la maggioranza prevista per la nomina dell'amministratore e la relativa spesa è ripartita fra tutti i condomini sulla base dei millesimi di proprietà. I condomini e i titolari di diritti reali o di godimento sulle unità immobiliari possono prendere visione dei documenti giustificativi di spesa in ogni tempo ed estrarne copia a proprie spese. Le scritture e i documenti giustificativi devono essere conservati per dieci anni dalla data della relativa registrazione.
L'assemblea può anche nominare, oltre all'amministratore, un consiglio di condominio composto da almeno tre condomini negli edifici di almeno dodici unità

immobiliari. Il consiglio ha funzioni consultive e di controllo».

Art. 12.
1. Al primo comma dell'articolo 1131 del codice civile, le parole: «dall'articolo precedente» sono sostituite dalle seguenti: «dall'articolo 1130».

Art. 13.
1. L'articolo 1134 del codice civile è sostituito dal seguente:

«Art. 1134. -- *(Gestione di iniziativa individuale).* -- Il condomino che ha assunto la gestione delle parti comuni senza autorizzazione dell'amministratore o dell'assemblea non ha diritto al rimborso, salvo che si tratti di spesa urgente».

2. All'articolo 1135 del codice civile sono apportate le seguenti modificazioni:

a) al primo comma, il numero 4) è sostituito dal seguente:

«4) alle opere di manutenzione straordinaria e alle innovazioni, costituendo obbligatoriamente un fondo speciale di importo pari all'ammontare dei lavori»;

b) è aggiunto, in fine, il seguente comma:

«L'assemblea può autorizzare l'amministratore a partecipare e collaborare a progetti, programmi e iniziative territoriali promossi dalle istituzioni locali o da soggetti privati qualificati, anche mediante opere di risanamento di parti comuni degli immobili nonché di demolizione, ricostruzione e messa in sicurezza statica, al fine di favorire il recupero del patrimonio edilizio esistente, la vivibilità urbana, la sicurezza e la sostenibilità ambientale della zona in cui il condominio è ubicato».

Art. 14.
1. L'articolo 1136 del codice civile è sostituito dal seguente:
«Art. 1136. -- *(Costituzione dell'assemblea e validità delle deliberazioni).* -- L'assemblea in prima convocazione è regolarmente costituita con l'intervento di tanti condomini che rappresentino i due terzi del valore dell'intero edificio e la maggioranza dei partecipanti al condominio.

Sono valide le deliberazioni approvate con un numero di voti che rappresenti la maggioranza degli intervenuti e almeno la metà del valore dell'edificio.

Se l'assemblea in prima convocazione non può deliberare per mancanza di numero legale, l'assemblea in seconda convocazione delibera in un giorno successivo a quello della prima e, in ogni caso, non oltre dieci giorni dalla medesima. L'assemblea in seconda convocazione è regolarmente costituita con l'intervento di tanti condomini che rappresentino almeno un terzo del valore dell'intero edificio e un terzo dei partecipanti al condominio. La deliberazione è valida se approvata dalla maggioranza degli intervenuti con un numero di voti che rappresenti almeno un terzo del valore dell'edificio.

Le deliberazioni che concernono la nomina e la revoca dell'amministratore o le liti attive e passive relative a materie che esorbitano dalle attribuzioni dell'amministratore medesimo, le deliberazioni che concernono la ricostruzione dell'edificio o riparazioni straordinarie di notevole entità e le deliberazioni di cui agli articoli 1117-*quater*, 1120, secondo comma, 1122-*ter* nonché 1135, terzo comma, devono essere sempre approvate con la maggioranza stabilita dal secondo comma del presente articolo.

Le deliberazioni di cui all'articolo 1120, primo comma, e all'articolo 1122-*bis*, terzo comma, devono essere approvate dall'assemblea con un numero di voti che rappresenti la maggioranza degli intervenuti ed almeno i due terzi del valore dell'edificio.

L'assemblea non può deliberare, se non consta che tutti gli aventi diritto sono stati regolarmente convocati.

Delle riunioni dell'assemblea si redige processo verbale da trascrivere nel registro tenuto dall'amministratore».

Art. 15.

1. L'articolo 1137 del codice civile è sostituito dal seguente:

«Art. 1137. -- *(Impugnazione delle deliberazioni dell'assemblea)*. -- Le deliberazioni prese dall'assemblea a norma degli articoli precedenti sono obbligatorie per tutti i condomini.

Contro le deliberazioni contrarie alla legge o al regolamento di condominio ogni condomino assente, dissenziente o astenuto può adire l'autorità giudiziaria chiedendone l'annullamento nel termine perentorio di trenta giorni, che decorre dalla data della deliberazione per i dissenzienti o astenuti e dalla data di comunicazione della deliberazione per gli assenti.

L'azione di annullamento non sospende l'esecuzione della deliberazione, salvo che la sospensione sia ordinata dall'autorità giudiziaria.

L'istanza per ottenere la sospensione proposta prima dell'inizio della causa di merito non sospende né interrompe il termine per la proposizione dell'impugnazione della deliberazione. Per quanto non espressamente previsto, la sospensione è disciplinata dalle norme di cui al libro IV, titolo I, capo III, sezione I, con l'esclusione dell'articolo 669-*octies*, sesto comma, del codice di procedura civile».

Art. 16.

1. All'articolo 1138 del codice civile sono apportate le seguenti modificazioni:

a) il terzo comma è sostituito dal seguente:

«Il regolamento deve essere approvato dall'assemblea con la maggioranza stabilita dal secondo comma dell'articolo 1136 ed allegato al registro indicato dal numero 7) dell'articolo 1130. Esso può essere impugnato a norma dell'articolo 1107»;

b) è aggiunto, in fine, il seguente comma:

«Le norme del regolamento non possono vietare di possedere o detenere animali domestici».

Art. 17.

1. Al numero 1) del primo comma dell'articolo 2659 del codice civile sono aggiunte, in fine, le seguenti parole: «. Per i condominii devono essere indicati l'eventuale denominazione, l'ubicazione e il codice fiscale».

Art. 18.

1. L'articolo 63 delle disposizioni per l'attuazione del codice civile e disposizioni transitorie, di cui al regio decreto 30 marzo 1942, n. 318, è sostituito dal seguente:

«Art. 63. -- Per la riscossione dei contributi in base allo stato di ripartizione approvato dall'assemblea, l'amministratore, senza bisogno di autorizzazione di questa, può ottenere un decreto di ingiunzione immediatamente esecutivo, nonostante opposizione, ed è tenuto a comunicare ai creditori non ancora soddisfatti che lo interpellino i dati dei condomini morosi.

I creditori non possono agire nei confronti degli obbligati in regola con i pagamenti, se non dopo l'escussione degli altri condomini.

In caso di mora nel pagamento dei contributi che si sia protratta per un semestre, l'amministratore può sospendere il condomino moroso dalla fruizione dei servizi comuni suscettibili di godimento separato.

Chi subentra nei diritti di un condomino è obbligato solidalmente con questo al pagamento dei contributi relativi all'anno in corso e a quello precedente.

Chi cede diritti su unità immobiliari resta obbligato solidalmente con l'avente causa per i contributi maturati fino al momento in cui è trasmessa all'amministratore copia autentica del titolo che determina il trasferimento del diritto».

Art. 19.

1. L'articolo 64 delle disposizioni per l'attuazione del codice civile e disposizioni transitorie è sostituito dal seguente:

«Art. 64. -- Sulla revoca dell'amministratore, nei casi indicati dall'undicesimo comma dell'articolo 1129 e dal quarto comma dell'articolo 1131 del codice, il tribunale provvede in camera di consiglio, con decreto motivato, sentito l'amministratore in contraddittorio con il ricorrente.

Contro il provvedimento del tribunale può essere proposto reclamo alla corte d'appello nel termine di dieci giorni dalla notificazione o dalla comunicazione».

Art. 20.
1. All'articolo 66 delle disposizioni per l'attuazione del codice civile e disposizioni transitorie, il terzo comma è sostituito dai seguenti:
«L'avviso di convocazione, contenente specifica indicazione dell'ordine del giorno, deve essere comunicato almeno cinque giorni prima della data fissata per l'adunanza in prima convocazione, a mezzo di posta raccomandata, posta elettronica certificata, *fax* o tramite consegna a mano, e deve contenere l'indicazione del luogo e dell'ora della riunione. In caso di omessa, tardiva o incompleta convocazione degli aventi diritto, la deliberazione assembleare è annullabile ai sensi dell'articolo 1137 del codice su istanza dei dissenzienti o assenti perché non ritualmente convocati.
L'assemblea in seconda convocazione non può tenersi nel medesimo giorno solare della prima.
L'amministratore ha facoltà di fissare più riunioni consecutive in modo da assicurare lo svolgimento dell'assemblea in termini brevi, convocando gli aventi diritto con un unico avviso nel quale sono indicate le ulteriori date ed ore di eventuale prosecuzione dell'assemblea validamente costituitasi».

Art. 21.
1. L'articolo 67 delle disposizioni per l'attuazione del codice civile e disposizioni transitorie è sostituito dal seguente:

«Art. 67. -- Ogni condomino può intervenire all'assemblea anche a mezzo di rappresentante, munito di delega scritta. Se i condomini sono più di venti, il delegato non può rappresentare più di un quinto dei condomini e del valore proporzionale.

Qualora un'unità immobiliare appartenga in proprietà indivisa a più persone, queste hanno diritto a un solo rappresentante nell'assemblea, che è designato dai comproprietari interessati a norma dell'articolo 1106 del codice.

Nei casi di cui all'articolo 1117-*bis* del codice, quando i partecipanti sono complessivamente più di sessanta, ciascun condominio deve designare, con la maggioranza di cui all'articolo 1136, quinto comma, del codice, il proprio rappresentante all'assemblea per la gestione ordinaria delle parti comuni a più condominii e per la nomina dell'amministratore. In mancanza, ciascun partecipante può chiedere che l'autorità giudiziaria nomini il rappresentante del proprio condominio. Qualora alcuni dei condominii interessati non abbiano nominato il proprio rappresentante, l'autorità giudiziaria provvede alla nomina su ricorso anche di uno solo dei rappresentanti già nominati, previa diffida a provvedervi entro un congruo termine. La diffida ed il ricorso all'autorità giudiziaria sono notificati al condominio cui si riferiscono in persona dell'amministratore o, in mancanza, a tutti i condomini.

Ogni limite o condizione al potere di rappresentanza si considera non apposto. Il rappresentante risponde con le regole del mandato e comunica tempestivamente all'amministratore di ciascun condominio l'ordine del giorno e le decisioni assunte dall'assemblea dei rappresentanti dei condominii. L'amministratore riferisce in assemblea.

All'amministratore non possono essere conferite deleghe per la partecipazione a qualunque assemblea.

L'usufruttuario di un piano o porzione di piano dell'edificio esercita il diritto di voto negli affari che attengono all'ordinaria amministrazione e al semplice godimento delle cose e dei servizi comuni.

Nelle altre deliberazioni, il diritto di voto spetta ai proprietari, salvi i casi in cui l'usufruttuario intenda avvalersi del diritto di cui all'articolo 1006 del codice ovvero si tratti di lavori od opere ai sensi degli articoli 985 e 986 del codice. In tutti questi casi l'avviso di convocazione deve essere comunicato sia all'usufruttuario sia al nudo proprietario.

Il nudo proprietario e l'usufruttuario rispondono solidalmente per il pagamento dei contributi dovuti all'amministrazione condominiale».

Art. 22.

1. L'articolo 68 delle disposizioni per l'attuazione del codice civile e disposizioni transitorie è sostituito dal seguente:

«Art. 68. -- Ove non precisato dal titolo ai sensi dell'articolo 1118, per gli effetti indicati dagli articoli 1123, 1124, 1126 e 1136 del codice, il valore proporzionale di ciascuna unità immobiliare è espresso in millesimi in apposita tabella allegata al regolamento di condominio.

Nell'accertamento dei valori di cui al primo comma non si tiene conto del canone locatizio, dei miglioramenti e dello stato di manutenzione di ciascuna unità immobiliare».

Art. 23.

1. L'articolo 69 delle disposizioni per l'attuazione del codice civile e disposizioni transitorie è sostituito dal seguente:

«Art. 69. -- I valori proporzionali delle singole unità immobiliari espressi nella tabella millesimale di cui all'articolo 68 possono essere rettificati o modificati all'unanimità. Tali valori possono essere rettificati o modificati, anche nell'interesse di un solo condomino, con la maggioranza prevista dall'articolo 1136, secondo comma, del codice, nei seguenti casi:

1) quando risulta che sono conseguenza di un errore;

2) quando, per le mutate condizioni di una parte dell'edificio, in conseguenza di sopraelevazione, di incremento di superfici o di incremento o diminuzione delle unità immobiliari, è alterato per più di un quinto il valore proporzionale dell'unità immobiliare anche di un solo condomino. In tal caso il relativo costo è sostenuto da chi ha dato luogo alla variazione.

Ai soli fini della revisione dei valori proporzionali espressi nella tabella millesimale allegata al regolamento di condominio ai sensi dell'articolo 68, può essere convenuto in giudizio unicamente il condominio in persona dell'amministratore. Questi è tenuto a darne senza indugio notizia all'assemblea dei condomini. L'amministratore che non adempie a quest'obbligo può essere revocato ed è tenuto al risarcimento degli eventuali danni.

Le norme di cui al presente articolo si applicano per la rettifica o la revisione delle tabelle per la ripartizione delle spese redatte in applicazione dei criteri legali o convenzionali».

Art. 24.

1. L'articolo 70 delle disposizioni per l'attuazione del codice civile e disposizioni transitorie è sostituito dal seguente:

«Art. 70. -- Per le infrazioni al regolamento di condominio può essere stabilito, a titolo di sanzione, il pagamento di una somma fino ad euro 200 e, in caso di recidiva, fino ad euro 800. La somma è devoluta al fondo di cui l'amministratore dispone per le spese ordinarie».

Art. 25.

1. Dopo l'articolo 71 delle disposizioni per l'attuazione del codice civile e disposizioni transitorie sono inseriti i seguenti:

«Art. 71-*bis*. -- Possono svolgere l'incarico di amministratore di condominio coloro:

a) che hanno il godimento dei diritti civili;

b) che non sono stati condannati per delitti contro la pubblica amministrazione, l'amministrazione della giustizia, la fede pubblica, il patrimonio o per ogni altro delitto non colposo per il quale la legge commina la pena della reclusione non inferiore, nel minimo, a due anni e, nel massimo, a cinque anni;

c) che non sono stati sottoposti a misure di prevenzione divenute definitive, salvo che non sia intervenuta la riabilitazione;

d) che non sono interdetti o inabilitati;

e) il cui nome non risulta annotato nell'elenco dei protesti cambiari;

f) che hanno conseguito il diploma di scuola secondaria di secondo grado;

g) che hanno frequentato un corso di formazione iniziale e svolgono attività di formazione periodica in materia di amministrazione condominiale.

I requisiti di cui alle lettere *f)* e *g)* del primo comma non sono necessari qualora l'amministratore sia nominato tra i condomini dello stabile.

Possono svolgere l'incarico di amministratore di condominio anche società di cui al titolo V del libro V del codice. In tal caso, i requisiti devono essere posseduti dai soci illimitatamente responsabili, dagli amministratori e dai dipendenti incaricati di svolgere le funzioni di amministrazione dei condominii a favore dei quali la società presta i servizi.

La perdita dei requisiti di cui alle lettere *a)*, *b)*, *c)*, *d)* ed *e)* del primo comma comporta la cessazione dall'incarico. In tale evenienza ciascun condomino può convocare senza formalità l'assemblea per la nomina del nuovo amministratore.

A quanti hanno svolto attività di amministrazione di condominio per almeno un anno, nell'arco dei tre anni precedenti alla data di entrata in vigore della presente disposizione, è consentito lo svolgimento dell'attività di amministratore anche in mancanza dei requisiti di cui alle lettere *f)* e *g)* del primo comma. Resta salvo l'obbligo di formazione periodica.

Art. 71-*ter*. -- Su richiesta dell'assemblea, che delibera con la maggioranza di cui al secondo comma dell'articolo 1136 del codice, l'amministratore è tenuto ad attivare un sito *internet* del condominio che consenta agli aventi diritto di consultare ed estrarre copia in formato digitale dei documenti previsti dalla delibera assembleare. Le spese per l'attivazione e la gestione del sito *internet* sono poste a carico dei condomini.

Art. 71-*quater* -- Per controversie in materia di condominio, ai sensi dell'articolo 5, comma 1, del decreto legislativo 4 marzo 2010, n. 28, si intendono quelle derivanti dalla violazione o dall'errata applicazione delle disposizioni del libro III, titolo VII, capo II, del codice e degli articoli da 61 a 72 delle presenti disposizioni per l'attuazione del codice.

La domanda di mediazione deve essere presentata, a pena di inammissibilità, presso un organismo di mediazione ubicato nella circoscrizione del tribunale nella quale il condominio è situato.

Al procedimento è legittimato a partecipare l'amministratore, previa delibera assembleare da assumere con la maggioranza di cui all'articolo 1136, secondo comma, del codice.

Se i termini di comparizione davanti al mediatore non consentono di assumere la delibera di cui al terzo comma, il mediatore dispone, su istanza del condominio, idonea proroga della prima comparizione.

La proposta di mediazione deve essere approvata dall'assemblea con la maggioranza di cui all'articolo 1136, secondo comma, del codice. Se non si raggiunge la predetta maggioranza, la proposta si deve intendere non accettata.

Il mediatore fissa il termine per la proposta di conciliazione di cui all'articolo 11 del decreto legislativo 4 marzo 2010, n. 28, tenendo conto della necessità per l'amministratore di munirsi della delibera assembleare».

Art. 26.

1. Dopo l'articolo 155 delle disposizioni per l'attuazione del codice civile e disposizioni transitorie è inserito il seguente:

«Art. 155-*bis*. -- L'assemblea, ai fini dell'adeguamento degli impianti non centralizzati di cui all'articolo 1122-*bis*, primo comma, del codice, già esistenti alla data di entrata in vigore del predetto articolo, adotta le necessarie prescrizioni con le maggioranze di cui all'articolo 1136, commi primo, secondo e terzo, del codice».

Art. 27.

1. All'articolo 2, comma 1, della legge 9 gennaio 1989, n. 13, le parole: «con le maggioranze previste dall'articolo 1136, secondo e terzo comma, del codice civile» sono sostituite dalle seguenti: «con le maggioranze previste dal secondo comma dell'articolo 1120 del codice civile».

Art. 28.

1. All'articolo 26, comma 2, della legge 9 gennaio 1991, n. 10, le parole: «semplice delle quote millesimali rappresentate dagli intervenuti in assemblea» sono sostituite dalle seguenti: «degli intervenuti, con un numero di voti che rappresenti almeno un terzo del valore dell'edificio».

2. All'articolo 26, comma 5, della legge 9 gennaio 1991, n. 10, le parole: «l'assemblea di condominio decide a maggioranza, in deroga agli articoli 1120 e 1136 del codice civile» sono sostituite dalle seguenti: «l'assemblea di condominio delibera con le maggioranze previste dal secondo comma dell'articolo 1120 del codice civile».

Art. 29.

1. All'articolo 2-*bis*, comma 13, del decreto-legge 23 gennaio 2001, n. 5, convertito, con modificazioni, dalla legge 20 marzo 2001, n. 66, le parole: «l'articolo 1136, terzo comma, dello stesso codice» sono sostituite dalle seguenti: «l'articolo 1120, secondo comma, dello stesso codice».

Art. 30.

1. I contributi per le spese di manutenzione ordinaria e straordinaria nonché per le innovazioni sono prededucibili ai sensi dell'articolo 111 del regio decreto 16 marzo 1942, n. 267, e successive modificazioni, se divenute esigibili ai sensi dell'articolo 63, primo comma, delle disposizioni per l'attuazione del codice civile e disposizioni transitorie, come sostituito dall'articolo 18 della presente legge, durante le procedure concorsuali.

Art. 31.

1. All'articolo 23, primo comma, del codice di procedura civile, dopo le parole: «per le cause tra condomini» sono inserite le seguenti: «, ovvero tra condomini e condominio,».

Art. 32.

1. Le disposizioni di cui alla presente legge entrano in vigore dopo sei mesi dalla data di pubblicazione della medesima nella *Gazzetta Ufficiale*.

IL PRESIDENTE

L'AUTRICE

 **Fosca Colli**, Giornalista di Roma iscritta all'Ordine dal 1985, è Mediatore Professionista Civile e Commerciale dal 2011.

Presidente dell'Associazioni Mediatori Civili (A.M.C.). E' accreditata presso Organismi di Mediazione operanti in tutta Italia. Durante la propria attività professionale ha affrontato e aiutato a risolvere varie questioni laddove vi fossero conflitti in essere tra parti diverse in un ventaglio di contenziosi sorti sia tra privati, sia nel rapporto tra dipendenti siano stati questi di Ente Privato sia di Ente Pubblico.

Autrice del volume *"La Mediazione Civile in Italia – Il percorso normativo"* (Luglio 2012); per l'*<Antologia della Mediazione Civile>* (volume I, pubblicato nel settembre 2012) ha scritto il capitolo *"La diffusione della Cultura della Mediazione Civile"*. Si dedica attivamente alla diffusione della Cultura della Mediazione Civile, anche con Seminari specifici. Esperta anche in campo della Mediazione on-line: nel febbraio/marzo 2012 ha tra l'altro preso parte al Virtual Mediation Lab, Laboratorio virtuale di Mediazione, Progetto pilota della Association for Conflict Resolution - Hawaii Chapter di Honolulu. Ha partecipato a convegni sulla risoluzione dei conflitti, tra i quali, nel giugno 2012: *"Il Futuro del Diritto - Tra tagli e necessità di favorire la cultura della conciliazione soprattutto in ambito condominiale"* (presso la Camera dei Deputati) nonché quello su *"La Mediazione Civile: una sfida da vincere nell'era della globalizzazione e di Internet"* (organizzato presso la Regione Lazio).

Il sito Internet è www.mediatorecivile.altervista.org; contatti asso.mediatori.civili@virgilio.it e foscacolli@hotmail.com

Wanda Montanelli

Mediatore Civile Professionista
Giornalista - Massmediologa (*)

* * *

Il successo della Mediazione negli Stati Uniti

Le formule europee e il raffronto con le "resistenze" in Italia

* * *

Quando inizia
la Mediazione negli States

L e basi storiche della Mediazione Civile furono gettate ad Harvard nel 1979 con l'ideazione, ad opera di Frank Sander, della teoria per prevenire o risolvere i conflitti sul nascere prima di ricorrere al Tribunale. Elaborati in forma ancora embrionale, tali concetti confluirono, solo due anni più tardi, in un vero e proprio corso universitario, organizzato presso la stessa università del Massachusetts e basato sul testo "Getting To Yes" di William Ury, Bruce Patton e Roger Fisher. Si iniziò allora a comprendere che oltre alla via tribunalizia i conflitti tra le parti potevano essere risolti proficuamente anche attraverso un processo di mediazione. Non solo. Ci si rese conto che in determinate circostanze le questioni strettamente legali risultavano essere in effetti di secondaria importanza rispetto ad una serie di elementi "emozionali" derivati da forme di reciproco risentimento personale conseguente a torti subiti. E' proprio in questo ambito che la mediazione ha maggior spazio di intervento, non soltanto surrogando la Corte ma anche agendo come mai nessun tribunale potrebbe fare: concedendo alle parti un forum di interscambio di considerazioni e punti di vista per giungere ad una conclusione comune soddisfacente per tutti e in grado di non compromettere ogni futura relazione. Il compito del mediatore era (ed è) quello di mettere a disposizione delle parti un ambiente neutrale nel quale l'identificazione dei problemi risulti più agevole e la comprensione dei reciproci punti di vista offra più concrete modalità di soluzione.

Atto rituale risolutivo

La mediazione come "abitudine", quale atto rituale anticipatorio e sostitutivo dell'aula di tribunale, ha progressivamente avuto negli Stati Uniti, negli ultimi 30 anni, sempre maggior popolarità, arrivando a delineare, culturalmente e proceduralmente, un nuovo "modus operandi" di approccio alla controversia, e facendo emergere un diverso sistema partecipativo alla lite che individua in essa nuove aspettative di efficace soluzionedella divergenza, tanto da ricorrervi nel 90% dei casi.

I motivi di tale successo vanno ricercati non soltanto nel notevole risparmio di tempo e di denaro che il modello mediazione comporta, ma anche nella "originalità" delle soluzioni a cui le parti, autodeterminandosi, possono addivenire. Senza considerare che il nuovo "sistema" di risoluzione delle conflittualità permette alle emozioni e ai bisogni nascosti delle parti di emergere, per essere finalmente compresi e rispettati.

L'approccio "trasformativo" alla mediazione

L'idea di "mediazione" subisce negli USA un'importante evoluzione concettualea partire dai primi anni '90 a seguito della pubblicazionedi "The Promise of Mediation: Responding to Conflict Through Empowerment and Recognition"1, manuale di Robert A. Baruch Bush e Joseph P. Folger che riesce a provocare un notevole impatto sulla comunità dei professionisti. La nuova modalità di approccio alla mediazione elaborata dalla coppia di studiosi statunitensi prevede una rinuncia preventiva al "problemsolving" per concentrare gli sforzi dell'operatore di mediazione nella direzione dell'empowerment del riconoscimento reciproco delle parti, con il proposito di convertire la qualità stessa di interazione, facendola passare da antitetica, conflittuale e demolitiva a produttiva e concretamente collaborativa.

Il nuovo approccio c.d. "trasformativo" della risoluzione dei conflitti, muove dalla convinzione che il compito del mediatore debba essere, prim'ancora che quello della composizione della controversia, quello di modificare il "microclima" relazionale, dando impulso ad un autentico riconoscimento reciproco dei ruoli, indipendentemente dall'effettivo conseguimento di specifici risultati in merito alla vicenda oggetto della lite, ed anche, contestualmente, ad un concreto vicendevole processo di empowerment.

L'empowerment: fuori da una prospettiva chiusa

La funzione del riconoscimento, come recentemente spiegato dal prof. Joseph Folger, docente di Sviluppo organizzativo alla Temple University di Philadelphia risulta principalmente essere quella di esprimere *"l'intenzione di uscire da una prospettiva chiusa e autoreferenziale per includere il punto di vista, la prospettiva e l'interpretazione dei fatti dell'altro"*, laddove per empowerment va inteso*"il cambiamento da una condizione personale di debolezza, indecisione e risposte non meditate ad una caratterizzata da risposte più consapevoli, intenzionali e valutative basate su di una maggiore comprensione del problema, una maggiore ponderatezza e una maggiore attenzione"*.

* * *

Mediazione europea

La figura di Mediatore è arrivata in Europa con un certo ritardo rispetto agli Stati Uniti, ad eccezione della Gran Bretagna dove una forma di negoziazione è stata introdotta sin dall'inizio degli anni '80, soprattutto con riferimento all'ambito familiare.

Diversamente, in Germania, il mediatore ha trovato particolare significanza nel settore del commercio e per la soluzione di controversie legate a reati commessi da minorenni. Vi si ricorre innanzitutto con lo scopo di comprendere le cause che hanno indotto i soggetti minori a compiere il reato, anticipando o accompagnando l'erogazione della sanzione penale ed intervenendo fondamentalmente col triplice intento:

A) Ricomporre il conflitto;

B) Individuare la tipologia di prestazione riparatoria nel procedimento penale evitando un processo formale o quantomeno producendo una diminuzione della pena;

C) Prevedere una forma di riparazione del danno cagionato dal reo attraverso prestazione pecuniaria o simbolica a carico dello stesso.

Per quel che riguarda Francia e Spagna, la negoziazione ha avuto particolare sviluppo in ambito familiare, ma mentre nel paese iberico vi si ricorre soprattutto per ordinare conflitti in materia di consumo, nei settori bancario, sanitario, pubblicitario, assicurativo e per controversie sulla proprietà intellettuale, in Francia risulta essere particolarmente diffusa in ambito commerciale ed è obbligatoria ante causam.

Sempre in Francia ha assunto preminente rilievo la figura del "Mediateur della Republique", sorta di difensore civico chiamato ad intervenire per dirimere le liti tra cittadini e Pubblica Amministrazione. La sua nomina è governativa, il suo status è quello di una "autorità indipendente" e quanto alla durata del mandato, è previsto che resti in carica per 6 anni non rinnovabili. Formalmente non vi si può ricorrere direttamente ma soltanto per interposta persona di un parlamentare. In realtà il meccanismo della adizione è tale da prevedere con una certa frequenza anche l'eventualità della ricezione di un "ricorso diretto" che il mediateur stesso trasmette per competenza ad un membro del Parlamento affinché questi si incarichi di promuovere formalmente il procedimento.

In Italia, accettazione e resistenze

Caso a parte e tutto da comprendere, quello del mediatore in Italia. Nel nostro paese la figura di mediatore più nota è stata storicamente quella del Difensore Civico dei comuni. Previsto dalla legge 142/90 per garantire al cittadino la piena conformità dell'operato della Pubblica Amministrazione ai principi di imparzialità e buon andamento statuiti nell'art. 97 della Costituzione, il difensore poteva essere adito anche dal singolo cittadino, persino se minorenne, e gli venivano riconosciuti ampi poteri di indagine. In particolare era previsto che potesse:

- Rassegnare verbalmente o per iscritto pareri ai richiedenti;

- Chiedere verbalmente o per iscritto, nonché ottenere copia, incondizionatamente e senza il limite del segreto d'ufficio, di tutti gli atti, documenti e le informazioni relativi all'oggetto del suo intervento, in possesso dei seguenti soggetti: Amministrazione comunale; Istituzioni, aziende ed enti dipendenti dal Comune o soggetti alla sua vigilanza; consorzi, cooperative ed associazioni alle quali l'Amministrazione partecipa; Concessionari dei servizi pubblici.

- Convocare il responsabile del servizio interessato del procedimento per ottenere chiarimenti e ricercare congiuntamente soluzioni;

- Segnalare per iscritto al Sindaco le disfunzioni e le inadempienze riscontrate;

- Proporre al presidente del Consiglio Comunale di iscrivere all'ordine del giorno questioni di particolare rilevanza;

- Presenziare senza diritto di voto alle sedute pubbliche di commissioni concorsuali, pubblici incanti, licitazioni private,appalti;

- Intervenire su atti e provvedimenti, anche definitivi, proponendo all'organo competente un riesame della decisione;

- Prospettare situazioni, sollecitando gli opportuni provvedimenti;

- Segnalare al segretario Generale del Comune i casi particolarmente gravi per l'apertura di un procedimento disciplinare nei confronti del dipendente o del funzionario che:

  1. impedisca o ritardi l'acceso del difensore civico agli atti, notizie od informazioni;

  2. si rifiuti o non si renda disponibile all'esame congiunto delle pratiche a lui affidate;

  3. nella formazione dell'atto non tenga conto delle osservazioni formulate dal difensore civico o non dia motivazione dell'inosservanza;

  4. ostacoli, impedisca o ritardi lo svolgimento delle funzioni del difensore civico.

- Segnalare alla Corte dei Conti le eventuali irregolarità accertate, al fine di dare corso all'azione di responsabilità.

- E' tenuto a segnalare alla procura della Repubblica competente per territorio quanto a sua conoscenza, ogni qualvolta ritenga di trovarsi di fronte ad una notizia di reato.

Tuttavia, malgrado le originarie buone intenzioni del legislatore, tale istituto non ha funzionato che in minima parte, incidendo in modo assai marginale sui processi decisionali interni alla Pubblica Amministrazione, soprattutto a causa della propria scarsa o nulla terzietà che lo ha da subito condannato all'irrilevanza, finendo con l'essere formalmente soppresso dall'art 2 della Legge 191/2009.

E dire che in Europa la figura analoga di Ombudsman, di secolare derivazione svedese, poi previsto a livello continentale dal trattato di Maastricht del 1992 con il nome di "Mediatore Europeo", ha riscosso discreto successo ritagliandosi, in termini di concreta operatività, aree di incidenza non marginali. Ad esso viene concesso di condurre personali indagini sulla base di denunce o persino di propria iniziativa. La funzione preminente riconosciutagli è quella di indagare su casi di cattiva o carente amministrazione, con particolare riferimento all'eventualità in cui un'istituzione comunitaria non agisca nel rispetto della legge, non rispetti i principi della buona amministrazione oppure violi i diritti umani. Le specifiche aree di intervento riguardano le irregolarità amministrative, i casi di ingiustizia o di discriminazione, l'abuso di potere, la mancanza di risposta, il rifiuto di accesso all'informazione o il ritardo ingiustificato.

A conclusione dell'istruttoria il mediatore è solitamente chiamato ad informare l'istituzione denunciata del ricorso, lasciando ad essa la risoluzione del problema. Tuttavia, ove il problema non venisse risolto in maniera soddisfacente, il Mediatore si farà parte propositiva di unanuova soluzione in grado di soddisfare il denunciante. Se anche il tentativo di conciliazione fallisce, il Mediatore può formulare all'istituzione delle raccomandazioni finalizzate alla soluzione del problema Se la raccomandazione non viene accettata, il Mediatore può, come ultima istanza, presentare una relazione speciale al Parlamento Europeo.

Le battaglie di categoria
contro la obbligatorietà della mediazione

Le ampie resistenze incontrate in Italia dal difensore civico, come detto soppresso per sostanziale inutilità operativa originata soprattutto da una errata formulazione del profilo che lo ha visto dotato di scarsissima capacità di intervento, hanno trovato prevedibile replica nelle battaglie condotte da alcune parti della società, per eliminare la "obbligatorietà" della mediazione civile.

A differenza di quanto avvenuto nei paesi europei precedentemente presi in considerazione, in Italia la mediazione civile ha dovuto fare i conti da subito con una diffusa contrarietà da parte di soggetti operanti nel campo del contenzioso. Consulenti legali e avvocati, contrari per principio a delegare a nuove figure professionali, con differenti modalità di approccio alla lite, competenze storicamente propriegli ambienti forensi e tribunalizi, hanno osteggiato l'applicazione della normativa sino ad ottenerne un ridimensionamento ad opera della Corte Costituzionale che il 24 ottobre 2012 dichiarato la illegittimità costituzionale, per eccesso di delega legislativa, del Decreto Legislativo 4 marzo 2010, n.28, nella parte in cui ha previsto il carattere obbligatorio della mediazione.

I vantaggi per gli avvocati

In realtà ciò che è emerso con una certa chiarezza da quando, con detto decreto la mediazione è stata introdotta nel 2010 anche nel nostro paese, è che la mediazione non ha ridimensionato in alcun modo gli ambiti di operatività professionale degli avvocati. Semmai ha contribuito a modificarne i termini di intervento, agevolandone i compiti. I mediatori più capaci si sono dimostrati infatti in grado di venire incontro alle esigenze tanto degli avvocati che dei loro clienti, limitando a monte le pretese più irrealistiche dei contendenti per indurli talvolta, seppur indirettamente, a limitare le loro aspettative considerando anche il punto di vista della controparte. Operazione che inevitabilmente finisce con l'agevolare il compito del legale difensore dal momento che avrà a che fare con un cliente adeguatamente preparato al procedimento e al suo possibile esito.

Da ciò discende, come naturale conseguenza della delicatezza del ruolo assunto, una serie di obblighi in capo al mediatore. Sia nei confronti della parti che della corte giudicante e a tutela del procedimento.

La responsabilità nei confronti delle parti investe innanzitutto la tutela delle informazioni acquisite attraverso la confidenzialità con il cliente che, proprio per questo motivo, deve vedersi riconosciuto il diritto alla non rivelazione di quanto comunicato.

Allo stesso modo la responsabilità professionale del mediatore contiene in sé un diritto per il cliente all'autodeterminazione, alla condotta imparziale e volta ad evitare ogni conflitto di interesse, o forme di coazione o improprio condizionamento. In particolare il mediatore dovrà astenersi dall'attuare alcuna forma di coercizione, costringendo o impropriamente influenzando una parte ad assumere una determinata decisione o a partecipare alla mediazione contro la propria volontà.

Altro imprescindibile requisito per il buon mediatore è certamente quello dell'imparzialità, intesa come astensione da favoritismi o pregiudizi in parole, azioni o apparenze. Ad egli è richiesto di, impegnarsi a priori ad assistere senza favoritismi tutte le parti. Ed è proprio questa sua connotazione "super partes" a farne un utile strumento solutivo, adatto ad essere non soltanto alternativo alla via giurisdizionale ordinaria ma anche complementare ed integrativa ad essa, fornendo un prezioso supporto "tecnico" tanto agli organi patrocinanti e magistratuali che si vedono agevolati nel difficile compito di definizione dei perimetri di intervento, quanto alle parti in conflitto, innalzando i livelli di economicità e di rapidità dei procedimenti.

* * *

Dati statistici ministeriali sulle mediazioni in Italia

La Direzione Generale di Statistica del Ministero della Giustizia ha reso noti i dati statistici aggiornati al 31 dicembre 2011 sull'andamento delle mediazioni civili e commerciali in Italia, dal 21 marzo 2011, data che segna l'entrata in vigore dell'istituto della mediazione civile e commerciale, al 31 dicembre 2011.
- In questo periodo si sono registrate 60.810 mediazioni di cui 40.162 sono già state definite;
- Il valore medio delle controversie si attesta intorno alla cifra di € 93.700.
- gli accordi raggiunti sono il 52% dei casi di controversie e l'obbligatorietà della mediazione ha un effetto positivo nel far sì che le parti si siedano ad un tavolo per trovare un accordo, con l'aiuto del mediatore.
- la mediazione facoltativa registra un trend positivo poiché si assesta sul 23% delle istanze presentate rispetto al 75% delle istanze per la mediazione obbligatoria
- la mediazione demandata dai giudici ordinari è solo dell'1% dei casi di istanze presentate, mentre sarebbe logico che giudici, proprio per l'enorme carico di lavoro che si accumula di anno in anno, dovrebbero avere più interesse a invitare le parti al percorrere l'iter della mediazione.
Queste le Materie sottoposte alla disciplina conciliativa:
  a) diritti reali
  b) i contratti bancari
  c) risarcimento dei danni derivanti da responsabilità medica

Di seguito viene presentata una tabella dettagliata che illustra la diffusione dei Centri per singola regione e provincia.

Regione	Provincia	Camera Arbitrale CDC	Camera Arbitrale Non CDC	Servizio Mediaz. CDC	Camere Mediaz. Non CDC	Corecom	Negoziaz. Paritetica	Risolutori	TOT
Abruzzo	Chieti	1		1					2
Abruzzo	L'Aquila	1		1		1			3
Abruzzo	Pescara	1		1					2
Abruzzo	Teramo	1		1					2
Basilicata	Matera	1		1					2
Basilicata	Potenza	1		1		1			3
Calabria	Catanzaro	1		1		1			3
Calabria	Cosenza	1		1					2
Calabria	Crotone	1		1					2
Calabria	Reggio Calabria			1					1
Calabria	Vibo Valentia			1					1
Campania	Avellino			1	1		1		3
Campania	Benevento			1	1		1		3
Campania	Caserta			1	1				2
Campania	Napoli	1	1	1	4	1			8
Campania	Salerno		1	1	2				4
Emilia Romagna	Bologna	1	2	1	1	1	5		11
Emilia Romagna	Ferrara	1		1					2
Emilia Romagna	Forlì - Cesena	1		1	1				3
Emilia Romagna	Modena	1		1					2
Emilia Romagna	Parma	1		1			1		3
Emilia Romagna	Piacenza	1		1			1		3
Emilia Romagna	Ravenna	1		1					2
Emilia Romagna	Reggio Emilia	1		1					2
Emilia Romagna	Rimini		1	1			1		3

Friuli Venezia Giulia	Gorizia	1		1					2
Friuli Venezia Giulia	Pordenone	1		1					2
Friuli Venezia Giulia	Trieste	1		1		1			3
Friuli Venezia Giulia	Udine	1		1					2
Lazio	Frosinone	1		1					2
Lazio	Latina	1	1	1	1				4
Lazio	Rieti			1			1		2
Lazio	Roma	1	8	1	17	1	10	2	40
Lazio	Viterbo	1		1					2
Liguria	Genova	1	4	1	2	1			9
Liguria	Imperia			1					1
Liguria	La Spezia	1		1			1		3
Liguria	Savona			1					1
Lombardia	Bergamo	1		1					2
Lombardia	Brescia	1		1	1				3
Lombardia	Como	1		1					2
Lombardia	Cremona	1		1			2		4
Lombardia	Lecco	1		1					2
Lombardia	Lodi	1		1					2
Lombardia	Mantova	1		1					2
Lombardia	Milano	1	8	1	6	1	11	3	31
Lombardia	Monza e Brianza			1	2				3
Lombardia	Pavia	1		1					2
Lombardia	Sondrio	1		1					2
Lombardia	Varese	1		1			1		3
Marche	Ancona	1		1		1			3
Marche	Ascoli Piceno	1		1					2
Marche	Fermo			1					1
Marche	Macerata	1		1					2
Marche	Pesaro e Urbino			1	1				2
Molise	Campobasso	1		1		1			3

Regione	Provincia								Totale
Molise	Isernia			1					1
Piemonte	Alessandria	1		1					2
Piemonte	Asti	1		1					2
Piemonte	Biella	1		1					2
Piemonte	Cuneo	1		1					2
Piemonte	Novara	1		1					2
Piemonte	Torino	1		1	2	1			5
Piemonte	Verbania	1		1					2
Piemonte	Vercelli	1		1					2
Puglia	Barletta Andria Trani	X							
Puglia	Bari	1		1		1	1		4
Puglia	Brindisi			1	2				3
Puglia	Foggia	1		1					2
Puglia	Lecce	1		1	1				3
Puglia	Taranto	1		1					2
Sardegna	Cagliari	1		1					2
Sardegna	Carbonia Iglesias	X							
Sardegna	Medio Campidano	X							
Sardegna	Nuoro			1					1
Sardegna	Ogliastra	X							
Sardegna	Olbia Tempio	X							
Sardegna	Oristano			1					1
Sardegna	Sassari	1		1					2
Sicilia	Agrigento			1					1
Sicilia	Caltanissetta			1					1
Sicilia	Catania	1	1	1	1				4
Sicilia	Enna	1		1					2
Sicilia	Messina	1		1					2
Sicilia	Palermo			1	1				2
Sicilia	Ragusa	1		1					2
Sicilia	Siracusa			1					1

Sicilia	Trapani			1	1				2
Toscana	Arezzo	1		1					2
Toscana	Firenze	1	1	1	1	1	1		6
Toscana	Grosseto	1		1					2
Toscana	Livorno	1		1					2
Toscana	Lucca	1		1					2
Toscana	Massa Carrara	1		1					2
Toscana	Pisa	1		1					2
Toscana	Pistoia	1		1					2
Toscana	Prato	1		1					2
Toscana	Siena	1		1					1
Trentino Alto Adige	Bolzano	1		1		1	1		4
Trentino Alto Adige	Trento			1		1			2
Umbria	Perugia	1		1	2	1			5
Umbria	Terni	1		1					2
Valle d'Aosta	Aosta			1		1			2
Veneto	Belluno	1		1					2
Veneto	Padova	1		1	2				4
Veneto	Rovigo	1		1					2
Veneto	Treviso	1		1					2
Veneto	Venezia	1		1		1			3
Veneto	Verona	1		1					2
Veneto	Vicenza	1		1	1				3
TOTALE		81*	28	105	55	19	39	5	332

* Come anticipato nel testo le Camere di Commercio che offrono servizi di arbitrato sono 81, ma costituite in 69 Camere Arbitrali, ovvero 12 Centri di meno, con la conseguenza che risultano 332 Centri totali anziché 320.

Vincenza Bonsignore, IV Rapporto sulla diffusione della Giustizia Alternativa in Italia (Unioncamere, Camera di commercio -Mi, Camera Arbitrale –Mi, Isdaci)

L'AUTRICE

 Wanda Montanelli, Giornalista e Massmediologa. Laureata in Lettere presso l'Università degli Studi di Roma La Sapienza, è specializzata in *Fisiopatologia della Comunicazione Individuale e di Massa; Scienze della Comunicazione; Ipnosi Clinica e Sperimentale.* Ha condotto numerose ricerche nel campo della comunicazione, tra cui "La trama invisibile" nel testo non scritto dei talk show televisivi. Le sue analisi sono dirette all'approfondimento dei Condizionamenti sociali attraverso i Mass media, I messaggi subliminali, Il linguaggio non verbale, La persuasione occulta. E' autrice della ricerca su *"Ipnosi e comunicazione scenica"* pubblicata dal periodico a carattere scientifico dell'Università di Roma La Sapienza *"Rassegna di Psicoterapie"* (1999). Per l'*<Antologia della Mediazione Civile>* (volume I, pubblicato nel settembre 2012) ha scritto il capitolo *"Programmazione Neuro Linguistica (Pnl) nella gestione del conflitto in mediazione"*.

E' Mediatore Professionista Civile e Commerciale dal 2011. In questo ambito considera le competenze in Programmazione Neuro Linguistica valido bagaglio culturale e risorsa tecnica per la gestione del conflitto in Mediazione.

INDICE ANALITICO
(l'indie sintetico è a pag. 7)

<u>VOLUME I (settembre 2012)</u>

Questi i temi trattati nel primo volume dell'<*Antologia della Mediazione Civile*> (ordinabile sul sito Amazon.it)

Informazioni sul sito www.mediatorecivile.altervista.org

La diffusione della Cultura della Mediazione

(di Fosca Colli)

Programmazione Neuro Linguistica (Pnl) nella gestione del conflitto in mediazione

(di Wanda Montanelli)

Il ruolo dell'avvocato in mediazione

(di Daniele Chibbaro)

Edito nel dicembre 2012

Codice ISBN- 13 978-1481215657

© *Marco Baroni*

e-mail asso.mediatori.civili@virgilio.it – fax 06.233248638